Kauderwelsch
Band 207

AF286292

Impressum

Dr. Nils Th. Grabowski
Mexiko Slang – Wort für Wort
erschienen im
REISE KNOW-HOW Verlag Peter Rump GmbH
Osnabrücker Str. 79, D-33649 Bielefeld
info@reise-know-how.de

© REISE KNOW-HOW Verlag Peter Rump GmbH
2. überarbeitete und verbesserte Auflage 2014
Konzeption, Gliederung, Layout und Umschlagklappen
wurden speziell für die Reihe „Kauderwelsch" entwickelt
und sind urheberrechtlich geschützt.
Alle Rechte vorbehalten.

Bearbeitung & Layout	Claudia Schmidt, www.lektoratsservice.de
Layout-Konzept	Günter Pawlak, FaktorZwo! Bielefeld
Umschlag	Peter Rump (Coverfoto: Mario Enneper)
Fotos	Dr. Nils Th. Grabowski
Zeichnungen	Peter Rump (S. 74, 75)
Druck und Bindung	Werbedruck GmbH Horst Schreckhase, Spangenberg

ISBN 978-3-8317-6404-4
Printed in Germany

Dieses Buch ist erhältlich in jeder Buchhandlung Deutschlands, Österreichs, der Schweiz und der Benelux-Staaten. Bitte informieren Sie Ihren Buchhändler über folgende Bezugsadressen:

Deutschland	Prolit GmbH, Postfach 9, 35461 Fernwald (Annerod) sowie alle Barsortimente
Schweiz	AVA-buch 2000, Postfach 27, CH-8910 Affoltern
Österreich	Mohr Morawa Buchvertrieb GmbH, Sulzengasse 2, A-1230 Wien
Belgien & Niederlande	Willems Adventure, www.willemsadventure.nl
direkt	Wer im Buchhandel kein Glück hat, bekommt unsere Bücher zuzüglich Porto- und Verpackungskosten auch direkt über unseren Internet-Shop:**www.reise-know-how.de**

Zu diesem Buch ist ein **AusspracheTrainer** erhältlich, auf **Audio-CD** in jeder Buchhandlung der Deutschlands, Österreichs, der Schweiz und der Benelux-Staaten, oder als **MP3-Download** unter **www.reise-know-how.de**
Der Verlag möchte die **Reihe Kauderwelsch** weiter ausbauen und **sucht Autoren!** Mehr Informationen finden Sie unter **www.reise-know-how.de/rkh_mitarbeit.php**

Kauderwelsch

Dr. Nils Th. Grabowski

Mexiko Slang
Wort für Wort

Zu diesem Buch
ist begleitendes Tonmaterial
als MP3-Download erhältlich:
www.reise-know-how.de

Auch als Audio-CD
im Buchhandel:
ISBN 978-3-8317-6239-2

¡Goooya, Goooya, cachún-cachún ra-ra,
cachún-cachún ra-ra, Goooya – Universidad!
beliebte **porra** *(Fangesang), um die Teams
der* **UNAM** *(öffentlichen Universitäten) anzufeuern*

REISE KNOW-HOW
im Internet
www.reise-know-how.de
info@reise-know-how.de

Für Smartphone-Benutzer

(QR-Code mit einer App scannen)

Weitere Infos!

mexiko-slang.reise-know-how.de

Kauderwelsch-Slang-Führer sind anders!

Warum? Sie sind bestens mit der Landessprache vertraut und verstehen trotzdem nur die Hälfte, wenn Sie mit den Menschen vor Ort so richtig ins Gespräch kommen?

Gerade wenn Sie sich in der „Szene" bewegen oder Menschen in ihrem ganz normalen Alltag antreffen, wie auf der Straße ansprechen, mit ihnen ein Bier in der Kneipe trinken, ist deren Sprachgebrauch Meilen entfernt von der offiziell verwendeten Hochsprache in den Medien und den Bildungsinstituten.

Man bedient sich der **lockeren Umgangssprache** und vieler **modischer Slangbegriffe,** die oft nicht einmal die gesamte Bevölkerung versteht, sondern nur bestimmte Altersschichten, eingeschworene Szenemitglieder oder Randgruppen.

Die meisten Slangausdrücke haben eine kurze Lebensdauer und finden nie den Weg in das Lexikon. **Slang ist vergänglich.** Aber es bringt die nötige Würze in das sonst zu dröge daherkommende, in der Hochsprache geführte Gespräch.

Die wahre Vielfalt einer Sprache liegt in diesem lebendigen Mischmasch von Hochsprache, Umgangssprache und Slang. In diesem bunten Mix spiegeln sich **Lebensart, Lebensgefühl** und **Lebensphilosophie** der Menschen vor Ort.

Da die Umgangssprache eher gesprochen als geschrieben wird, und es für ihre Schreibweise keine festen Regeln gibt, werden Sie immer wieder auf unterschiedliche Schreibweisen der Slangwörter stoßen, wenn Sie diese denn einmal geschrieben sehen.

Die AutorInnen werden Sie immer wieder zum Schmunzeln bringen und Ihnen gekonnt Mentalität und Lebensgefühl des jeweiligen Sprachraumes vermitteln. Es werden Wörter, Sätze und Ausdrücke des Alltags aus der Kneipe und dem Arbeitsleben, die Sprache der Szene und der Straße erklärt. Im Anhang sind diese in 1000 Stichwörtern geordnet, damit Sie die täglich gehörten Begriffe und Wendungen finden können, die bisher kaum in Wörterbüchern aufgeführt sind.

Inhalt

Anhang

¡**V**iva México, hijos de la chingada!* – diesen derben Ausspruch können Sie zu hören bekommen, wenn Sie sich mit Land und Leuten ein wenig vertrauter gemacht haben und man Sie als **amigo / amiga,** vielleicht sogar als **cuate** (Busenkumpel) anerkennt. Touristen, den **extranjeros,** gegenüber würde man dieses geflügelte Wort nicht verwenden, schon weil die meisten den tieferen Sinn nicht verstehen würden.

Lässt man die Hotelburgen hinter sich und erkundet Mexiko auf eigene Faust, wird man mit einer facettenreichen und blumigen Umgangssprache konfrontiert.

Da gibt es Sprüche, die man vielleicht wortwörtlich noch so gerade übersetzen kann, z. B. „Hör mal, du Küchenjungen-Schamhaar, geh doch nicht wie eine Nacktschnecke". Dass das Ganze in etwa aber „Mann, du stellst dich aber blöde an!" bedeutet, erschließt sich einem nicht sofort.

Dieser Band soll ein wenig dazu beitragen, die Kluft zwischen Verständigen und Verstehen zu schließen. Obwohl er vor Kraftausdrücken nur so überquillt, bitte ich, dieses Büchlein als Liebeserklärung der besonderen Art an **mi México lindo y querido** zu verstehen.

In diesem Sinne, Dr. Nils Th. Grabowski

* „Es lebe Mexiko, ihr Kinder der Gefickten!"

9

Hinweise zu diesem Buch

Anführungszeichen zeigen an, dass ein spanisches Element allein so nicht vorkommt und „behelfsmäßig" übersetzt wurde. Traditionell werden in den Kauderwelsch-Slang-Bänden die heftigen Ausdrücke, die den Weg ins Krankenhaus ebnen, mit einem Sternchen (*) versehen. Viele Wörter hätten aber je nach Situation eines verdient oder nicht. Ich habe also versucht, die Redesituation zu berücksichtigen. Daher das Motto: Erst einmal gut zuhören, bevor man sich selbst auf das Slang-Parkett wagt!

Dieser Sprechführer ist in mehrere Abschnitte aufgeteilt, die Ihnen den Einstieg in den Slang Mexikos erleichtern:

In der Einleitung wird das Spanisch Mexikos kurz vorgestellt. Dabei geht es um die Sprachenvielfalt in Mexiko, die einzelnen Höflichkeitsebenen, die wortlose Kommunikation und die Doppeldeutigkeiten. Auch die mexikanische Aussprache und Besonderheiten der Grammatik finden Erwähnung.

Es folgen – das war mir sehr wichtig – ein paar typische Slangwörter. Der Witz an der Sache ist, dass ein und dasselbe Wort, je nach Zusammenhang und Tonfall, tierisch beleidigend oder völlig harmlos ist!

Danach zeige ich Ihnen ein paar mexikanische „Originale", Prolls und Juniors, Ureinwohner und „Humboldt-Deutsche", die in der Sprache ihre Spuren hinterlassen haben.

Es folgt schließlich ein genauerer Blick in die lockere Sprache des Alltags, zuerst in Form von überall anwendbaren Floskeln, dann grob nach Themen gegliedert, wobei ich versucht habe, möglichst viele Situationen zu beschreiben, in die man in Mexiko geraten kann, und die beim Touristen erst einmal Ratlosigkeit hervorrufen, z. B. „wie verhalte ich mich gegenüber der Polizei" oder „wie esse ich einen Taco".

Wissenschaftlich gesehen ist Slang eine „Low-Level-Sprache", die von unteren sozialen Schichten ausschließlich gesprochen wird, da ihnen die „Hochsprache" nicht geläufig ist. Wir verstehen Slang anders, und zwar als die Sprache, die von den Leuten im alltäglichen Leben gesprochen wird, wenn man nicht auf Etikette achten muss. Da wimmelt es von „Spezialausdrücken" und „unfeinen" Wörtern.

Mit der Zeit gab es außer dem Spanischen noch andere Sprachimporte, wie das **Plautdietsch** *der* **Mennoniten** *oder das* **Vlach-Romani** *der* **Roma.**

Gerade bei letzteren ist es nötig, recht genau zu differenzieren. Auch bei uns kann ja z. B. das Wort „Scheißkerl" je nach Situation und angesprochener Person mal durchaus freundlich, mal höchst beleidigend sein. Auch werden sich zwei Männer an der Theke anderer Ausdrücke für Frauen bedienen, als wenn eine Frau dabei zuhört.

Ich habe stets versucht, die deutsche Übersetzung der Ausdrücke auf dem gleichen Sprachlevel zu halten. Trotzdem ist bei der Anwendung Vorsicht geboten. Abwertende Ausdrücke und Beleidigungen sind sowieso nicht zum Gebrauch, sondern lediglich zum Verstehen aufgeführt.

Die mexikanische Umgangssprache

In Mexiko kennt man eine Menge alter und moderner Sprichwörter, Redensarten und (dummer) Sprüche (refranes, dichos, dicharachos), *von denen ich einige im Verlauf dieses Buches in der Randspalte vorstellen möchte. Diese Sprüche, die nicht immer an das Thema des jeweiligen Kapitels angebunden sind, werden mit dem Symbol* 📖 *gekennzeichnet.*

Auf Anglizismen werde ich hier nicht im Einzelnen eingehen, da es viel schönere Mexikanismen gibt. Wer dennoch die beiden Sprachen mischen möchte, dem sei der Kauderwelsch-Band „Spanglish" empfohlen.

Vor der spanischen Eroberung im 15. Jh. hieß Mexiko noch **Ānáhuac** („Platz nahe den Wassern"). Die Azteken bzw. **Mexicah** kontrollierten das Land über Tributforderungen und Handelsbeziehungen, und somit galt ihr **Nāhuatlahtōlli** („elegante Sprache") als Lingua Franca, denn die Ureinwohnersprachen und -dialekte (noch heute sind es mehr als 300!) sind untereinander so unterschiedlich wie Deutsch, Japanisch und Arabisch.

Nach der **conquista** wurde Aztekisch vom **castellano** abgelöst und alle Eingeborenensprachen arroganterweise zu **dialectos** degradiert (dieser Meinung begegnet man noch heute).

Sprachenvielfalt in Mexiko

Als ich als Teenager nach Mexiko kam, sprach ich eine Mischung aus Latein, Spanisch und Englisch, und das hat fürs Erste funktioniert! Denn zum einen hat sich das mexikanische Spanisch aus dem iberischen Spanisch des 15. Jh. entwickelt, und zum anderen bringt es die Nähe zu den USA mit sich, dass sich viele Anglizismen breit gemacht haben.

Erst viel später wurde mir klar, dass mir in diesem Sprachencocktail das anahuakische Element fehlte. Es ist mehr als nur das Salz in der Suppe, eher die vielen Chilisorten, der Koriander und die tropischen Früchte, die die mexikanische Küche so vielschichtig und schmackhaft machen. Das liegt einerseits an der Fülle indianischer Lehnwörter **(indigenismos),** die eben „typisch mexikanisch" sind. Andererseits wurde auch das mexikanische Spanisch selbst an das anahuakische Spracgefühl angepasst, und es bringt daher Konstruktionen hervor, bei denen es die werten Damen und Herren der **Real Academia de la Lengua Española** nur so schüttelt, z. B. die Vielzahl der Verkleinerungsformen. Ebenso gibt es eine Unmenge typisch mexikanischer Ausdrücke **(mexicanismos),** wie z. B. **chamaco** bzw. **chamaca** für „Junge" bzw. „Mädchen" oder **platicar** „erzählen, klönen".

Da ich lange in der Hauptstadt gewohnt habe, ist auch die hier vorgestellte Umgangssprache das, was man in Chilangolandia *(Mexiko-Stadt) zu hören bekommt. Andere regionale Ausdrücke sind als solche gekennzeichnet.*

Hören Sie sich Aussprachebeispiele mit Ihrem Smartphone an! Ausgewählte Kapitel dieses Buches sind dafür mit einem QR-Code ausgestattet.

Die mexikanische Umgangssprache

Es gibt fünf Hauptdialektgruppen im mexikanischen Spanisch: die nördlichen Dialekte (**normexicano,** besser bekannt als **norteño**); die Dialekte des Zentrums und des Westens; die Dialekte der Golfküste **(jarocho);** yukatekisches Mexikanisch; und den **dialecto centroamericano,** der von den Flüchtlingen aus Mittelamerika in einige Gegenden von Chiapas mitgebracht wurde. Auf Beispiele aus diesen Dialekten werden Sie im Verlauf dieses Buches stoßen.

Sprachebenen

Nun gibt es viele Sprachebenen, die mitunter bunt ineinanderfließen, wie **salsa** und **jocoque** (eine Art Sahne) auf einem **taco** (belegte, gerollte **tortilla**). Die Kunst ist, zwischen diesen Ebenen zu unterscheiden, da ein und dasselbe Wort je nach Situation ganz verschieden aufgefasst wird. Warum das so ist, werde ich Ihnen später genauer erklären.

Wann spricht man höflich?

Die höfliche Ebene wird von Deutschsprechern als übertrieben unterwürfig, fast schon „scheißfreundlich", empfunden. In Mexiko allerdings gehört das zum guten Ton, und zwar immer dann, wenn man sich an Unbekannte wendet oder mit Leuten spricht, mit denen man „nicht so dicke" ist. Für Mexikaner fallen Touristen ganz klar in erstere Gruppe (sieht man einmal von den fliegenden Händlern ab, die aus kommerziellen Gründen eine eher untypische Lockerheit gegenüber Fremden an den Tag legen). Halten Sie sich daran, es wird Ihnen Pluspunkte en masse bringen: **Este sí que habla bien.**

¿Mande?	Wie bitte?
¡Con permiso!	Darf ich mal bitte durch?
¡Pase usted!	*Antwort auf* ¡Con permiso!
¡Encantado/-a!	Freut mich, Sie kennen zu lernen!
¡Como no!	Selbstverständlich!
¡Está en su casa!	Fühlen Sie sich wie zu Hause!
¿Le molesta que ...?	Könnten Sie bitte ...?
Si no es	Bitte, ...
mucha molestia ...	*(Wenn's keine Umstände macht ...)*
Tenga la bondad de ...	Bitte, ...
	(Hätten Sie die Güte ...)
¡No hay cuidado! /	Keine Ursache!
¡Para servirle!	

Wer gegen dieses ungeschriebene Gesetz verstößt, z. B. Leute mit wenig Schulbildung und Umgangsformen (so genannte **gente de bajo nivel socio-económico**), die es einfach nicht besser können und daher einen mehr oder minder ausgeprägten Slang auch im Umgang mit Fremden verwenden, über die rümpft der Durchschnittsmexikaner schon mal die Nase. Weil Sie es aber überall hören werden, ob vom Taxifahrer oder vom Tacoverkäufer, sollten Sie auch den Slang einordnen können.

Wer hören möchte, wie man auch Deftiges dezent und sogar „damenhaft" ausdrücken kann, dem lege ich die Lieder von Paquita la del Barrio ans Herz. Sie prangert zu bester Folklore machismo, Neid und andere Schattenseiten an, ohne jemals in Slang abzugleiten.

Die mexikanische Umgangssprache

Ich fand es immer witzig, wenn in einem englischsprachigen Film „son of a bitch" im Untertitel mit einem lapidar-schwächlichen maldito übersetzt war, also zwischen Original und Übersetzung ein himmelweiter Unterschied klaffte.

Mexiko ist in vielerlei Hinsicht eine Mediengroßmacht in Lateinamerika. Zum einen werden viele eigene Shows und Filme produziert, zum anderen werden viele anderssprachige TV-Serien und Filme dort synchronisiert bzw. untertitelt. Daher ist **castellano mexicano** auch über die Grenzen Mexikos hinaus bekannt. Bei der Synchronisation **(doblaje)** wird zumeist auch diese höfliche Ebene verwendet, so dass eine Sprache herauskommt, die sowohl Mexikaner als auch Nicht-Mexikaner eindeutig als **castrado** „kastriert" empfinden.

Wann spricht man Slang?

A will sich von B etwas Geld für ein Bier leihen. B lehnt ab und merkt an, dass A ganz schön viel trinke. A weist diesen Vorwurf zurück.

A: *Ooooye, pinche cabrooon, ¿traes lana q'me prestes pa' una chelita?*

B: *Ni maíz, palomaaa. Y además ¿pa' qué quieres andar de pinche borracho todo el tiempo? ¡Chupas como enajenado!*

A: *Oye buey, ¡no me chingues, cabrón!*

Na, haben Sie folgen können? Zugegeben, es war derbster Gossenslang.

Ähnlich wie in Deutschland wird Umgangssprache vor allem unter Bekannten und Freunden gesprochen. Je enger die Freundschaft, desto deftiger der Slang. Das liegt daran, dass viele Begriffe beleidigend sein können (nicht müssen!) und man es letztlich nur Freunden zutraut, das Ganze nicht krumm zu nehmen. Dieser Freundeskreis besteht in Mexiko in erster Linie aus Leuten desselben

Es gibt langjährige Freunde, bei denen sie ihn cabrón, und er sie cabrona nennt, also „Ziegenbock" und „Ziegenböckin" (nicht etwa cabra „Ziege").

Geschlechts und erst in zweiter Linie aus Personen des anderen Geschlechts, denen man ein gewisses Vertrauen entgegenbringt (**estar en confianza**).

In den allermeisten Fällen verhält man sich dem anderen Geschlecht gegenüber höflich, meist deutlich höflicher als in Deutschland.

Umgangssprache ist aber auch Ausdruck einer bestimmten Bevölkerungsgruppe, die sich – ähnlich wie in Deutschland – durch Region, Geschlecht, Alter und Sozialstatus definiert. Daher klingt es überall ein wenig anders. Der **mestizo** spricht anders als der **indígena**, der **norteño** anders als der **jarocho** (Veracruzaner). Ältere Damen nennen die Dinge anders beim Namen als ein Student oder ein Maurer.

Daher sollten Sie erst einmal zuhören und verstehen, bevor Sie sich selbst in die Slang-Arena wagen.

Ein **¿Qué onda, cabrón?** (*was für 'ne Welle, Ziegenbock?,* etwa „Wie geht's?") sollte man sich beim ersten Treffen tunlichst ver-

kneifen, ist aber im Umgang mit Freunden durchaus normal. Was unter Einheimischen schon Ärger geben kann, muss nicht zwangsläufig auch für Sie einen Krankenhausaufenthalt bedeuten, denn Sie haben trotz allem einen „Touristenbonus", den Sie bei Bedarf nutzen können. Ansonsten schieben Sie es einfach auf mich (**... el pendejo aquel que escribió este pinche libro**).

Treiben Sie es aber nicht zu bunt, denn schließlich wollen Sie in Mexiko ja Spaß haben und die Leute nicht bis aufs Blut reizen. Bonus hin, Bonus her, irgendwann nützt Ihnen das auch nichts mehr.

Natürlich kann man im Rahmen dieses Büchleins nicht auf alle Feinheiten eingehen. Ziel soll es vielmehr sein, die gängigsten Floskeln und Begriffe zu verstehen.

Es kann sicher auch nicht schaden, selbst ein paar Schmankerln zur Hand zu haben, um im Zweifelsfall nicht wortlos dazustehen oder, was schlimmer wäre, mit Kanonen auf Spatzen zu schießen, indem Sie auf eine harmlose Frotzelei hin gleich schweres Geschütz auffahren.

Dann würde man nämlich über Sie sagen: **Ah, ¡qué pinche genio trae ese!** *(Mann, ist der humorlos!)* oder **Ah, ¡qué grosero eres!** *(Mann, du benutzt aber viele Schimpfwörter!),* oder wenn Sie sich ganz im Ton vergriffen haben: **A ver, buey, ¿qué te traes?** *(Willst du Krach, du Wichser?)*

Zwischen den Zeilen lesen

Auch wenn Sie sich für empathisch halten: in den meisten Fällen sind Ihnen die Mexikaner in dieser Hinsicht überlegen, was leicht zu Missverständnissen führt!

Die Kommunikation unter Mexikanern läuft nur zum Teil verbal ab. Gestik und Empathie spielen eine herausragende Rolle; mitunter sind sie wichtiger als das gesprochene Wort selbst. Ursprung ist wohl wieder anahuakisches Kulturgut, das Höflichkeit und Respekt als höchste Güter des Menschen ansieht. Dementsprechend gilt der Leitsatz:

„Verliere niemals dein Gesicht in der Öffentlichkeit und lasse es auch nicht dazu kommen, dass andere es durch dich verlieren".

Die andere Komponente ist Diskretion, übrigens in ganz Lateinamerika. Als Beispiel dient folgende Situation. Ein Reisender fragt einen Passanten:

Disculpe, ¿este camino va para Cuautitlán?
Entschuldigung, geht's hier nach Cuautitlán?

Es gibt jetzt drei Möglichkeiten: Der Passant weiß, dass es hier nach Cuautitlán geht; er weiß, hier geht es nicht nach Cuautitlán; oder aber er weiß es nicht. In den ersten beiden Fällen wird schnell und freundlich **sí** oder **no** folgen.

Weiß er es nicht, kommt er in einen Konflikt. Er könnte **no lo sé** (ich weiß es nicht) sagen. Wahrscheinlicher ist, dass er **sí** sagt. Warum? Zum einen würde er in seinen Augen das Gesicht verlieren, weil er in Gegenwart eines Fremden etwas so Einfaches nicht weiß.

Ich glaube aber auch, er möchte Sie davor bewahren, dass Sie Ihr Gesicht verlieren, schließlich haben Sie „Trottel" den Falschen gefragt. Da er aber höflich ist, spielt er das Spielchen mit, sagt pro forma **sí** und hat damit den Anschein gewahrt. Und wer weiß, vielleicht geht's dort ja wirklich nach Cuautitlán! Seine Gestik und Mimik aber, vielleicht nur ein kurzes Zögern oder etwas in seinen Augen, verrät, dass er es eigentlich nicht weiß.

Ein kleiner Trick – gestalten Sie die Frage so, dass der Passant antworten kann, ohne dass er das Gesicht verliert:

19

Disculpe, ¿pa' dónde va este camino?
Entschuldigen Sie, wohin führt dieser Weg?

Im Hinblick auf dieses vertrackte, aber wichtige Thema empfehle ich „Kulturschock Mexiko", das diese Problematik ausführlicher behandelt.

Kurzum, das Herausfiltern der Informationen macht den Deutschen Schwierigkeiten, weil sie nicht in dem Maße auf Empathie „getrimmt" sind. Übrigens beklagen sich viele Mexikaner(innen), die mit Deutschen verheiratet sind, über genau dies: Der Partner sei nicht in der Lage, „ihnen die Wünsche von den Augen abzulesen".

El doble sentido

Kommunikation zwischen Mexikanern basiert also grundsätzlich auf der Kombination von Sprache und Gestik. Die Sprache wiederum ist gespickt mit Zweideutigkeiten, die es, je nach Situation, zu umschiffen oder auszunutzen gilt.

Doppeldeutigkeiten äußern sich z. B. darin, dass allzu „hart" anmutende Ausdrücke, die man sonst nur im engeren Freundeskreis verwendet, leicht abgewandelt werden, um sie „salonfähiger" zu machen. Wie das funktioniert, sehen wir später.

Da es keine festen Regeln für die Anwendung des **doble sentido** gibt, wird die Umgangssprache zu einer riesigen Spielwiese, die sehr unterschiedlich genutzt wird, sei es von bestimmten Bevölkerungsgruppen wie den **nacos,** sei es in der Musik (z. B. bei den **sones,** deren Texte auf den ersten Blick vollkommen unlogisch und bedeutungslos erscheinen) oder beim **albureo,** jenen kunstvollen Sprachgefechten, die sich Männer mitunter liefern und denen man als Nicht-Mexikaner meist staunend und hilflos gegenübersteht.

Als Außenstehender, der man als Reisender zwangsläufig ist, ist es sehr schwer, sich in der Welt des **doble sentido** zurechtzufinden. Entweder entgehen einem nette Spitzen, oder man wendet ihn an, ohne es zu wissen, und wundert sich über die Reaktion des Gegenübers. Aber keine Sorge, im Laufe des Buches wird dieser rote Faden immer wieder aufgenommen, so dass Sie zumindest ein paar Situationen erkennen können.

Ein regelrecht poetisches Beispiel für eine doppeldeutige Anspielung:

Zacatito verde, lleno de rocío.
„Grünes Grasbüschel, taugetränkt" (zacatito steht hier eigentlich für das ähnlich klingende sácate „hau ab"); gemeint ist: Solltest du nicht gerade woanders sein?

Aussprache & Betonung

In Mexiko wird iberisches Spanisch als sehr rau und ungehobelt empfunden. Das liegt daran, dass das mexikanische Spanisch viel weicher ausgesprochen wird. Ich glaube, das kommt von den auch eher weich klingenden Indianersprachen. Jedenfalls sagt man den Mexikanern nach, sie würden ihre Sprache mehr singen als sprechen.

b	der Übergang von „b" zu „v" (oder gar nichts) ist fließend, und selbst die Mexikaner fragen beim Buchstabieren: **¿Con 'b' de burro?** **sabor** (Geschmack) kann wie „sabor", „savor" oder „saor" klingen
c	vor **a, o** und **u** wie „k", vor **e** und **i** wie „ß" in „Ma**ß**" **cabrón** (Ziegenbock), **imbécil** (Schwachkopf)
cu	plus weiterer Selbstlaut klingt **cu** wie unbehauchtes „k" + engl. „w" in „**w**ater" + Selbstlaut **cuero** (Leder, gutaussehender Mensch)
d	im allg. zwischen dt. „d" und engl. „th" in „**th**at"; kann an der Golfküste auch ganz wegfallen und ist dann Zeichen von „schlechtem" Spanisch **fregado** (kaputt)
g	vor **a, o** und **u** wie unbehauchtes „g", vor **e** und **i** wie dt. „ch" in „i**ch**" **grilla** (Vetternwirtschaft), **geniudo** (launisch)
gu	vor **a** wie leichtes „g" + engl. „wa" in „**w**ater" **guarache** (Sandale)
gü	vor **e** und **i** wie „g" + engl. „w" in „**w**ater" **güero** (Blonder, *Anrede*)

hu	wie engl. „w(h)" in „**wh**at"
	huevo (Ei)
j	wie dt. „ch" in „Ba**ch**", nicht so stark reibend wie im Iberischen. An der Golfküste und in Yucatán klingt es eher wie ein dt. „h"
	chile **j**alapeño (scharfe Chili-Sorte)
ll	wie dt. „j" in „**J**äger", nicht wie Iberisch „lj"
	llorona („weinende Frau"; *anahuakisches Fabelwesen*)
	an der Golfküste auch wie leichtes „j" wie in franz. „**j**ournal"
	Sorullo (Prototyp des Veracruzaners mit afrikan. Wurzeln)
r	am Wortanfang mehrfach, in der Wortmitte und am Ende einfach gerollt. Im Zentralmexiko und Yucatán klingt ein **r** am Wortende fast wie ein leichtes Schnarren
	ramera (Flittchen), **cabrón** (Ziegenbock; Typ, Mistkerl), **madrear** (vermöbeln)
rr	mehrfach gerollt
	changarro (Laden, *leicht abwertend*)
s	stets scharf (stimmlos) wie in „Wa**ss**er"; an der Golfküste am Silbenende auch wie ein leichtes „h"
	sacamuelas („Backenzahnrausholer"; abwertend für Zahnarzt)
z	stets scharf (stimmlos) wie „ss" in „Wa**ss**er"
	chorizo (eine Art Paprikawurst)

Im Gegensatz zum iberischen Spanisch wird also nicht „gelispelt"; **ce, ci, za, zo** und **zu** klingen also wie „ß", nicht wie englisches „th". Diese Unterscheidung ist wichtig, denn daran (und an dem rauen „j" bzw. „g" vor **e** und **i**) erkennt man in Mexiko „den Spanier".

Für die Indigenismen gelten ein paar Sonderregeln; selbstverständlich kann man nicht auf alle Feinheiten von 300 Sprachen und

Dialekten eingehen, aber ein paar Tipps für den Hausgebrauch können nicht schaden:

ll	wie deutsches „l", also nicht wie span. „elle" **Mallinalli** (**Malinche,** Übersetzerin von Cortés)
tl	wie in „Bu**tl**er", aber als ein einziger Laut ausgesprochen **tlapalería** (Eisenhandel)
x	oftmals zwischen deutschem „sch" und „ch" (wie in „ich") **xola** (Pute, weibl. Truthuhn); im Silbenauslaut z. T. je nach Sprecher „s" oder „ks" (**Mixcoac** = „Miskoak" oder „Mikskoak", *Stadtteil von México, D. F.*), und im Anlaut bzw. Wortinneren auch vielfach „ch" wie in „i**ch**"(**México** = „Mechiko"), keinesfalls das iberische „Rachenkratzer-ch"!
'	Stimmabsatz; kennen wir (meist unbemerkt) auch im Deutschen: „ver'eisen", „ge'achtet" **¡Ko'ox!** (yukatek. für „Los geht's!")

Wenn Sie in Yucatán unterwegs sind und selbst die Mexikaner in Staunen versetzen wollen, dann üben Sie die typischen „explosiven" Laute der Maya **ch', k', p', t', ts'** (auch **chh, k, pp, tt** und **dz** geschrieben). Sie werden ausgesprochen, indem man den Buchstaben im Mund bildet, aber vorerst nicht ausspricht. Dann wird im Mund Druck aufgebaut und der Mitlaut (Konsonant) gesprochen, weswegen er dann etwas „knallend" klingt. Wenn Sie diese Laute meistern, ernten Sie Respekt von **indígenas** und **mestizos** gleichermaßen! Hier einige Beispiele: **hacer puts'** (schwänzen), **K'abáh** und **Dzibilchaltún** (Orte mit Maya-Ruinen).

In Mexiko gibt es die Angewohnheit, Selbstlaute (Vokale) zu verschlucken, z. B. klingt **muchas gracias** mitunter wie „mutschs grass". Ursprung ist wohl hier wieder einmal das Nahuatl, in dem die Silben abwechselnd „stark" und „schwach" betont werden, z. B. „TEOtiHUAcan". Auch ganze Wörter können verkürzt werden, z. B. **pa'** anstelle von **para** (für) oder **'ta** anstelle von **está** (er / sie / es ist). Das lässt sich natürlich wunderbar mit dem Vokalverlust kombinieren, und kann man für **muchas gracias** auch schon mal „tschass-grass" hören. All das gilt zwar eigentlich als „schlechtes Spanisch", aber genauso werden Sie es von Otto Normalverbraucher hören, wenn er sich nicht gerade bemüht, „gut zu sprechen" **(hablar bien).**

Die Betonung macht in der Regel keine Schwierigkeiten, da sie meist auf die vorletzte Silbe fällt, und das Gros der Abweichungen mit einem Akzent markiert wird. Auch die meisten aztekischen Ortsnamen werden eigentlich auf der vorletzten Silbe betont („Teotihuácan"), allerdings hat sich bei den **mestizos** die Betonung auf die letzte Silbe verschoben **(Teotihuacán).** Maya-Namen wiederum werden stets auf der letzten Silbe betont, also **Uxmál, Cancún** und **Cozumél.**

Im höflichen Gebrauch klingt das **mexicano** wie ein murmelnder Bach, da man in Mexiko sehr schnell und aus Höflichkeit leise spricht – gerade Frauen tun das.

Diese Wortverkürzungen haben allerdings nichts mit dem Nahuatl zu tun und kommen auch anderswo im umgangssprachlichen Spanisch vor.

In der mexikanischen Umgangssprache ist der Tonfall, in dem etwas gesagt wird, oft genauso wichtig (und wichtiger!) als das, was gesagt wird. Die Bandbreite ist ziemlich eindrucksvoll.

Die offizielle Rechtschreibung der Namen ist aber (nach den allgemein-spanischen Regeln) Uxmal *und* Cozumel *(*Cancún *bleibt mit Akzent).*

25

Wird eine Silbe innerhalb des Wortes gedehnt, so fällt der Ton meist ab (↘).
Wird die letzte Silbe gedehnt, bleibt der Ton – je nachdem, ob die Silbe betont oder unbetont ist – gleich hoch (→) bzw. steigt etwas an (↗).

Ist man in lockerer Atmosphäre, wird es auch etwas lauter, und bestimmte Wörter, auf die es im Gespräch ankommt, werden bis zum Exzess gedehnt.

¡Qué oooooonda (↘)**, cabrooooooon** (→)**!**
Was für 'ne Welle, Ziegenbock!
Hey, wie geht's dir?

¡Oye hijoooooooooo (↗)**!**
Höre, Sohn!
Ey, hör mal!

Ich fand den Tonfall der norteños *anfangs ziemlich lustig. Nachdem ich dort für ein paar Tage gearbeitet hatte, begann ich jedoch, genauso zu sprechen – es ist wirklich ansteckend!*

Das geht sogar so weit, dass die Bedeutung sich mit der gedehnten Silbe verändern kann; auch das ist eine Art des **doble sentido: cabrooooooon** (→) (als Anrede), **caaaaaaabrón** (↘) (bei einer problematischen Situation).

In Yucatán klingt das Spanisch aufgrund des Einflusses der Maya-Sprachen etwas abgehackt und mit einem deutlichen Trend zu einer fallenden Tonlage. Schließlich gibt es einen sehr typischen Tonfall bei den **norteños.**

Im Norden wird auch das e *am Wortende typischerweise oft zu* i. *So sagt man dort statt* pinche *dann* pinchi.

Die Sätze werden anfangs schnell und auf gleicher Tonhöhe gesprochen, bis man zur letzten Silbe anlangt, die dann langgezogen und mit fallend-steigender Tonkontur ausgesprochen wird:

klingt in etwa wie: **¡Vente pa' 'cá nomás, pues!**
„ventepakanomaspueeeees"
→ →→ →→ → ↘ ↗
Komm doch mal her! *(freundl. Aufforderung)*

¿Qué dijistes, amiguito? – Grammatik

Wer sich mit spanischer Grammatik ein wenig auskennt, wird im mexikanischen Spanisch kaum Unterschiede feststellen. Aber ich möchte doch auf ein paar Eigenheiten hinweisen, die das Slang-Verständnis verbessern.

„sie" statt „ihr"

Auffallend ist, dass die 2. Pers. Mehrzahl („ihr") nicht existiert: Anstelle von **vosotros** wird stets **ustedes** verwendet, und dementsprechend die Formen der 3. Pers. Mehrzahl:

Iberisch:	Mexikanisch:
¿Qué hacéis?	**¿Qué hacen?**
Was tut ihr?	*Was tun sie?*

Typisch sind auch Verlaufsformen mit andar, ir *und* venir *anstelle von* estar, *also* ando trabajando, *nicht* estoy trabajando *(ich arbeite gerade). Scherzhaft wird das auch* ando andando *genannt.*

Es lässt sich also nicht mehr „Was macht ihr?" eindeutig von „Was machen sie?" unterscheiden, und auch nicht, ob die Gruppe geduzt oder gesiezt wird.

In Anlehnung an die mittelamerikanischen Dialekte verwendet man in Chiapas auch **vos** für **tú** sowie die entsprechenden Verbformen (**hacés** usw.).

Ansonsten wird an die Formen der 2. Person Einzahl manchmal ein **-s** angehängt, also **dijistes** anstelle von **dijiste** (du sagtest). Allerdings wird das als „schlechtes Spanisch" angesehen.

„se", wenn man nicht schuld ist

Diese Konstruktionen mit se werden Sie sehr häufig hören. Die einen sagen, es ist reine Höflichkeit, die anderen wiederum sagen, man wolle sich vor der Verantwortung drücken ...

Wie unterscheidet sich **rompí el cristal** von **se me rompió el cristal?** Beides bedeutet „Ich habe das Glas kaputtgemacht". In der ersten Version schwingt jedoch Absicht mit, in der zweiten Unschuld à la „Mir ist das Glas kaputtgegangen".

Anhängsel für Haupt- & Eigenschaftswörter

Des Rätsels Lösung sind wie so oft die indianischen Wurzeln. Im Nahuatl können einem Hauptwort mittels einer Endung Respekt, Wertschätzung oder Mitgefühl angefügt werden, so dass man hier eine persönliche Wertung abgibt. Das gibt es im Spanischen nicht, und so wurde auf die Verkleinerungsendungen des Spanischen zurückgegriffen.

● Den Verkleinerungsformen **-ito** und **-ita** von Hauptwörtern begegnet man auf Schritt und Tritt, auch wenn man schon älter als 9 ist. Wenn man den Grund dafür nicht kennt, kommt man sich vor wie im Kindergarten. Da werden dem **niñito** ein paar **tortillitas** und ein **refresquito** gereicht, da werden die Freunde der Kinder als **amiguitos** bezeichnet, gutaussehende Frauen und Männer als **mamacitas** und **papacitos** angemacht, und selbst wenn man stirbt, spricht sicher irgendeiner vom **muertito.** Die **tortillita** ist auch nicht unbedingt wirklich klein, nein, sie wird eben geschätzt. So redet manche Marktfrau auch von ihrem **dinerito,** ihrem „Geldchen", das sie sich während des Tages hart erarbeitet hat.

Geht es um wirklich Kleines, kann man die Endungen vervielfachen: eine **manitita** (oder sogar **manititititita**) ist ein winziges Händchen, wie z. B. bei einem Baby.

● **-illo / -illa** bezieht sich auf Kleinheit, wobei hier auch etwas Wertschätzung mitschwingen kann; man fühlt sich dem Gegenstand aber nicht so verbunden wie mit **-ito** bzw. **-ita**.

Ein Außenstehender würde z. B. Schneewittchens Zwerge **duendecillos** nennen, sie selbst aber würde sie **duendecitos** nennen!

● **-(z)uelo / -(z)uela** – hiermit werden zwar auch Dinge verkleinert, aber es schwingt etwas Negatives mit, z. B. wenn etwas böswillig, defekt oder schlecht gebaut ist:

Eine **mujerzuela*** ist schon fast eine Schlampe, eine **casuela** ist eine kleine Bruchbude.

● **-(s)ote / -(s)ota** wird angehängt, wenn das Hauptwort (und sogar einige Adjektive) größer als normal ist. Ein **hombresote** ist ein Kerl wie ein Baum, und **grandote** bedeutet „riesengroß". Je größer der Gegenstand ist, umso mehr **-to**-Silben kann man einschieben: **grandototote** ist „gigantisch groß". Übrigens wird diese Endung ab und zu auch im übertragenen Sinn verwendet: **padrote** (Zuhälter).

Achtung, einige Indigenismen enden auch auf **-ote**, z. B. **chicote** („Peitsche"), ohne dass es hierbei um Vergrößerung geht.

● **-azo** schließlich beschreibt heftige, meist schmerzhafte Bewegungen, vor allem Schläge, z. B. **chicotazo** (Peitschenhieb) oder **panzazo** (Bauchklatscher).

Im Nahuatl gibt es noch weitere dieser „Stimmungsendungen", zu denen es im mexikanischen Spanisch Entsprechungen gibt. Nebenstehend ein paar Beispiele.

Alternative Schreibweise: -zote / -zota.

Im übertragenen Sinne bedeutet -azo aber auch etwas Supertolles: Wenn eine Frau ein cuerazo ist (von cuero „Leder"), ist sie so dermaßen schön, dass es dem Beobachter quasi ihre Haut (ihr „Leder") „um die Ohren haut". Und was es mit dem madrazo (von madre) auf sich hat, sehen wir später ...

29

Im Steigern und Verstärken sind die Mexikaner wohl Weltmeister. Eine Möglichkeit ist, etwas zu wiederholen, meist gleich dreimal, um der Angelegenheit Dringlichkeit zu verleihen. Auch diese nette Angewohnheit entstammt dem indianischen Sprachgebrauch.

Steigerungen

... y lo limpias bien-bien-bien.
... und das machst du richtig schön sauber.

Da wir gerade bei **bien** sind – es wird ab und zu auch anstelle von **muy** verwendet, also **bien bueno** statt **muy bueno.** Das gilt natürlich auch für negativ besetzte Adjektive:

Es bien bruto.
Der ist ziemlich dumm.

In Mexiko ist man sowieso gut darin, den Aussagewert von Wörtern, allen voran Eigenschaftswörter, zu steigern. Eine weitere Möglichkeit ist **mucho muy,** das meinem Gefühl nach in der Aussage zwischen einem **muy** und dem Superlativ **(-ísimo)** liegt.

La chava es mucho muy buena onda.
Das Mädel ist tierisch gut drauf.

Die weitere Steigerung ist dann muchísima buena onda (+++) *oder* muchísimo muy buena onda (++++). *(Das* muchísimo *richtet sich im ersten Satz nach der* onda, *im zweiten nach dem* muy, *daher die unterschiedlichen Endungen.)*

... soll heißen, dass sie zwar deutlich besser drauf ist als so manches andere Mädchen, aber dass man durchaus Mädchen kennt, die eben noch besser drauf sind. Das wertet hier das Mädel auf keinen Fall ab, ordnet sie nur einen allgemeineren Zusammenhang ein. Deutlich Mittelmäßigeres beschreibt man mit **ni muy-muy, ni tan-tan** (*weder sehr-sehr, noch so-so*). Zwischen „überhaupt nicht" und „ungefähr" liegt die Konstruktion mit **medio-:**

Es que medio-entendí el libro ese.
Das Buch habe ich nur halbwegs kapiert.

Mit Es que ... *kann man prima Erklärungen einleiten!*

Schließlich lassen sich „verstärkende" Vorsilben vor das Wort – übrigens fast jede Wortart – stellen. Je nach gewollter Verstärkung ist das **re-, recontra-** oder **requete-,** und noch weiter bis hin zu **archirecontra-.** Vergleichen Sie:

Me choca.　　**Me recontrachoca.**
Ich mag's nicht.　Ich find's zum Kotzen.

In den folgenden Kapiteln geht es um typisch mexikanische Wörter, denen Sie in jedem zweiten Satz begegnen werden, und die je nach Situation sehr Unterschiedliches bedeuten können. Oft reicht ein anderes Umstandsoder Fürwort, und aus einem harmlosen Bonmot wird eine waschechte Beleidigung!

Von Küchenjungen & Schamhaaren

Von Küchenjungen & Schamhaaren

A las mujeres bonitas y los caballos buenos los echan a perder los pendejos.
Die schönen Frauen und die guten Pferde werden von den Idioten versaut.

Ya lo dijo San Andrés: el que tiene cara de pendejo, lo es.
Wie sagte schon der heilige Andreas: Wer wie ein Idiot aussieht, ist auch einer!

Als ich meine ersten Gehversuche im mexikanischen Spanisch in der dortigen Schule machte, fand ich es komisch, dass sich auch Freunde untereinander dauernd mit Schimpfwörtern anredeten. Erst später begriff ich, dass das alles halb so wild war, und damit Sie nicht in denselben Irrtum verfallen, schicke ich dieses Thema voraus.

Ein weiser Mann hat einmal gesagt, es gäbe in Mexiko keine eigentlichen Schimpfwörter, und damit hat er im Prinzip Recht. Schauen wir uns doch einmal die Grundausstattung von Anredeformen im Slang an:

buey, güey	Ochse
cabrón	Ziegenbock
pendejo	Schamhaar

Diese Wörter können je nach Situation und Tonfall eine einfache Anrede, ein geistreicher Ausspruch oder eine handfeste Beleidigung darstellen. Gute Kollegen und Freunde rufen sich untereinander mit **¡Oye, cabrón!** oder **¡Ven, buey!** und meinen es damit auf keinen Fall böse, allenfalls schnoddrig, wie „Hörste mal ... " oder „Kommste mal ...".

Unter Frauen verwendet man pendeja *und* cabrona, *was „Ziegenböckin" bedeutet (das Pendant wäre eigentlich* cabra *„Ziege"). Eine weibliche Form von* buey *gibt es nicht.*

Wenn es von der Situation her passt und vom Tonfall her wie eine Kreuzung aus Vorwurf und gutem Zureden klingt, ist das Ganze als Bonmot zu werten. **Buey** und **pendejo** haben auch die Konnotation von „dumm", während **cabrón** eher auf etwas Schwieriges, Kniffeliges oder Problematisches hinweist.

¡Ay, buey! ¡Qué pendejo eres!
Oh, Ochse! Was für ein Schamhaar du bist!
Ach Mensch, das kannst du doch! /
Stell dich doch bitte nicht so blöde an!

'Ta cabrón ...
Das ist Ziegenbock ...
Verdammt, das ist schwierig ...

Wenn aber der Tonfall deutlich schärfer wird, dann entfalten diese Anredeformen eine bisher ungeahnte Kraft zur Beleidigung:

¡Mira, buey* ...!
Schau, Ochse ... !
Und jetzt hör mir gut zu, du Arschloch ...

¡Ya, cabrón*!
Schon, Ziegenbock!
Bis hierhin und nicht weiter, du Wichser!

Dabei ist die Wahl des Schimpfwortes im Deutschen eigentlich Nebensache; entscheidend ist der Ton, in dem es gesprochen wird. Von diesen schwer „begreifbaren" Wörtern gibt es viele im Mexikanischen, wobei längst nicht alle auch zur Anrede verwendet werden. Eins davon ist **pinche,** das eigentlich „Küchenjunge" bedeutet, allerdings nur wie ein

Bei ¡Ay, buey! geht's wieder um den Tonfall: Mit fallendem Ton hat es die nebenstehende Bedeutung. Steigt der Ton aber an, drückt es positive Überraschung aus, ähnlich wie im Deutschen ein anerkennendes „Mensch, klasse!" oder „Nicht schlecht".

Desde que se inventaron las disculpas, se acabaron los pendejos.
Seit der Erfindung der Entschuldigung gibt es keine Idioten mehr.

¡Ya! (schon) ist ein typischer Ausdruck, der zu einer Änderung des Verhaltens aufrufen soll. Auch Mütter rufen ungezogene Kinder mit ¡ya! zur Ordnung.

Von Küchenjungen & Schamhaaren

Dabei ist aber die wörtliche Bedeutung „Küchenjunge" nur ein Teil der Geschichte. Zum anderen klingt nämlich die Assoziation mit pito, picha, pichilín *und anderen Slangausdrücken für den Penis deutlich als* doble sentido *mit an, und das dürfte auch den Gebrauch des Wortes erklären.*

Im Mexikanischen ist oft nicht das Wort an sich beleidigend, sondern der Tonfall, in dem es gesprochen wird.

Adjektiv gebraucht wird. Im neutralen Tonfall ist es einfach ein Füllsel, um die Sprache runder zu machen:

... y ahí estaba el pinche vecino ...
... und dort war der Küchenjungen-Nachbar ...
... und dann war da der Nachbar ...

Im verächtlichen Tonfall lässt es sich vielleicht mit „blöd" (oder „Scheiß-") übersetzen und drückt meist im weitesten Sinne „ungelegen" aus:

... y ahí estaba el piiinche (↘) vecino ...
... und dort war der Küchenjungen-Nachbar ...
... und dann war da dieser blöde Nachbar (und der hatte mir gerade noch gefehlt) ...

Ist man richtig in Rage:

¡Se me ponchó la pinche* llanta del (pinche*) coche!
der Küchenjungen-Reifen vom (Küchenjungen-) Auto machte sich mir platt!
Mein Scheiß-Auto hat 'nen Scheiß-Platten!

Übrigens gibt es von **pendejo** und **cabrón** auch Tätigkeitswörter (Verben): **apendejarse** ist so viel wie „sich dumm stellen", und **encabronarse** bedeutet „sauer / wütend werden".

Von Müttern & Vätern

Für uns ungewöhnlich ist auch die Verwendung von „Mutter" und „Vater" in der Umgangssprache. Spricht man von den leiblichen Eltern, seien es die eigenen oder die des Gesprächpartners, wird stets **mamá** und **papá** gesagt (im Norden auch **amá** und **apá**), denn die Gefahr von Missverständnissen kann gerade mütterlicherseits ziemlich groß sein.

Im übertragenen Sinne hat **madre** einen sehr negativen und **padre** einen sehr positiven Beiklang. Ob das am **machismo** oder an der **conquista** liegt (im Sinne der von den Spaniern vergewaltigten Indianerin, die damit die Mutter der **mestizos** und damit die „Mutter der Nation" schlechthin), weiß niemand so genau. Auf jeden Fall bedeutet der Ausruf **¡Qué padre!** so viel wie „toll" oder „spitzenmäßig". Für die Mutter sieht das anders aus:

¡Qué poca madre!
Wie wenig Mutter!
Unglaublich, wie kann man nur ...!

¡Voy a darte en la madre*!
Dir werde ich's in die Mutter geben!
Du bekommst 'ne Riesenabreibung!

¡Le voy a mentar su madre*!
Ich werde ihm seine Mutter nennen!
Den mache ich zur Sau!

Jugendliche sprechen von ihren Eltern auch als jefes (Chefs), also jefe und jefa.

Auf alle Beschimpfungen, die mit dem Austausch von Körpersäften mit der eigenen Mutter zu tun haben, wie mentársela *(sie sich erwähnen),* rayársela *(zerkratzen),* recordársela *(erinnern),* refrescársela *(auffrischen), kann man* ¡Aviente! *(werfen Sie!) antworten, im Sinne von „Wirf deine Mutter mal rüber, die fick ich auch gleich mit".*

Von Müttern & Vätern

desmadre	Unordnung, Chaos
estar de su puta madre	beschissen sein
estar en la madre	kaputt sein
estar hasta la madre	es satt haben
echo madres	kaputt
madrazo	heftiger Schlag
madrear	schlagen, prügeln
madrola	Dingsbums
madrota	Puffmutter
pocamadrismo	Skrupellosigkeit
meimportamadrismo	Scheißegal-Mentalität
¡Me importa madres!,	Das ist mir
¡Me vale madres!	scheißegal!
¡Ni madres!	Nichts!, *(auch:)* Auf gar keinen Fall!
¡No tienes madre!	Schamloser Kerl!
¡No tiene madre!	Ich glaub's ja nicht …
romperle la madre	jemanden vermöbeln
romperse la madre	sich verletzen
partirle le madre *(jemand die Mutter zweiteilen)*	jemanden vermöbeln
partirse la madre *(sich die Mutter zweiteilen)*	sich verletzen
¡Pa' su madre!	Donnerwetter!, Ach du Scheiße …!

Bei diesen ganzen bösen Ausdrücken gibt es einige wenige Ausnahmen: a toda madre (zur ganzen Mutter) und de poca madre (von wenig Mutter) bedeuten so viel wie ¡qué padre!

No tener madre (ni abuela) kann je nach Tonfall auch anerkennend sein!

Nett ist sicherlich etwas anderes (s. u.), aber unter Freunden können derlei Ausdrücke schon mal vorkommen.

Zugegeben: Ich scheue mich, allen **madre**-Begriffen das „böse" Sternchen (*) zu geben, denn Phrasen wie **¡Ay, qué poca madre!** kann man sowohl beim Kaffeekränzchen gutsituierter Damen als auch in der letzten Spelunke hören. Hier macht der Ton ganz klar die Musik.

„Höfliche" Varianten

Wenn ein Ausdruck zu deftig ist, als dass man ihn vor aller Welt (also nicht nur dem gleichgeschlechtlichen Freundeskreis) benutzen möchte, greift in Mexiko ein sehr besonderer Mechanismus, der ein Teil des **doble sentido** ist: Man verwendet Wörter, die ähnlich klingen, und jeder weiß, worum es eigentlich geht. Etwas Vergleichbares gibt es auch im Deutschen („Scheibenkleister", „besch...eiden"), wobei wir aber meist Wörter verwenden, die zumindest etwas zur Sachlage passen. In Mexiko kann man durchaus Wörter nehmen, die so gar nichts mit der Situation zu tun haben. Wenn sie aber eine versteckte Bedeutung haben (wie z. B. „Schraube" und „Mutter" in Bezug auf Sex), dann sind sie umso besser. Dementsprechend gibt es von **¡a toda madre!** „höflichere" Varianten: **a todo dar** (*zum ganzen Geben*), **a toda máquina** (*zur ganzen Maschine*), **a todo mecate** (*zum ganzen Seil*), **a todo meter** (*zum ganzen Hineinstecken*) oder **a todas tuercas** (*zu allen Schrauben*).

Als weniger dramatische Variante von **¡Pa' su madre!** kann man **¡Pa' su mecha!** (*zu seiner / ihrer Lunte*) sagen, anstelle von **¡me vale madres!** auch **¡me vale gorro!** (*das ist mir eine Kappe wert*), **¡me vale queso!** (*... einen Käse*) oder einfach nur **¡me vale!**

Jugendliche tauschen **madre** auch gerne durch das englische Äquivalent **mother** aus: **no tienes mother** usw.

In Yucatán gilt **¡ma're!***, meist in einem hohen Ton gesprochen, als allgemeiner Ausruf, der Überraschung signalisiert. Auch das ist durchaus salonfähig und nett.*

Chingar – das magische Wort

Der große Octavio Paz widmete diesem Wort in seinem Werk „El laberinto de la soledad" ein paar wunderbare Seiten, auf denen er es analysiert. Er nannte es la voz mágica, das magische Wort.

Ein weiteres typisches Slang-Wort ist **chingar,** das in vielen Formen und noch mehr Bedeutungen im mexikanischen Alltag vorkommt. Im weitesten Sinne hat **chingar** mit einer heftigen, aggressiven und durchbohrenden Handlung zu tun; dabei geht es mehr um den übertragenen als den wortwörtlichen Sinn. Dabei entspricht logischerweise **chingar** dem „ausführenden" Teil und **chingado** dem „Ziel" der Handlung. In **chingar** schwingt aber auch ein Hauch von Misserfolg und Frustration mit.

Se me chingó el coche.
Das Auto machte sich mir kaputt. („fickte" sich mir)
Mein Auto ist kaputt.

Una cosa es Juan Domínguez, y otra cosa es: ¡no me chingues! („Eine Sache ist Juan Domínguez, eine andere ist: Verarsch mich nicht!) Ich bin blond, aber nicht blöd!

¡No chingues!   *aber:*
Mach nicht kaputt!
Nerv nicht!

¡No chiiiingues! (↘)
(gedehnte 1. Silbe!)
Auch das noch!
(auch:) Sag bloß!

Mit **Ah, ¿chinga-chinga-chinga?** werden Leute zum Schweigen gebracht, die mit vielen kleinen Details nerven. Es kann auch als Bonmot bei Verwunderung herhalten.

Es una chinga(dera).
Es ist eine Schinderei
(*auch:* schwierige Situation).

¿No viene? ¡'Tons que se chingue!
Er kommt nicht?
Dann soll er sich kaputtmachen!
Wie, er kommt nicht?
Dann soll er sehen, wo er bleibt!

('Tons kommt von
entonces „dann").

Chingar kann auch „sich abmühen" bedeuten:

... y me tuve que chingar a pie
todo el pinche camino.
... und ich musste mich zu Fuß
den ganzen Küchenjungen-Weg kaputtmachen.
... und dann musste ich auch noch den ganzen Weg
zu Fuß laufen, so eine Scheiße!

¡Ya, chingue su madre!
Schon, soll er seine Mutter kaputtmachen!
Nun ist's auch wurscht! Ich bin jetzt zumindest fertig.

Chingue su madre kann auch ein allgemeiner
Kraftausdruck sein. Aber aufgepasst: **chinga**
tu madre* ist eine echte Beleidigung! Da
gibt's vom Tonfall her, anders als bei **cabrón**
oder **pendejo,** nichts hineinzuinterpretieren.

Davon abgeleitet ist **¡tu madre!**. Hier wird
das magische Wort weggelassen, und hier
kann dann die Bedeutung wieder von Bonmot bis Beleidigung reichen.

Während ein **chingón** ein toller Typ ist,
stellt die **chingada** das Ergebnis von **chingar**
dar: das Kaputtgemachte, Missglückte, Ver-
sagte, Durchbohrte, „Gefickte".

Mit einem Smart-
phone können Sie
sich die Wörter,
Sätze und Rede-
wendungen dieses
Kapitels anhören.

Das Gegenteil der chingada *ist die* malinche, *die Aztekin Malintzin, die für den Eroberer Hernán Cortés gedolmetscht und damit ihr Volk verraten hat. Im Gegensatz zur* chingada *hat sie sich den Spaniern quasi absichtlich hingegeben. Ein* malinchista *ist daher ein Mexikaner, der das Ausland toll findet, Mexiko aber verachtet. Ungeachtet dessen wird* chingada *mitunter aber auch für „Nutte" verwendet.*

Die **chingada** wird stets gegen ihren Willen „chingiert", ist damit auch Symbol für die von Spaniern vergewaltigte **indígena,** also auch eine Art **madre.** Die **hijos de la chingada,** die „Söhne der Gefickten", sind eigentlich die Unbeteiligten, die durch die **chingada** vorbelastet sind und eigentlich nichts dafür können, aber eben dennoch irgendwie „Schuld haben". Daher ist der Ausruf **¡Viva México, hijos de la chingada!** so vielschichtig. Zum einen will man sich – da man ja aus einer ehrbaren Familie stammt, in der keine Frauen „chingiert" werden – von den „Anderen", den „Bösen", abgrenzen, die eben aus niedrigeren Verhältnissen stammen. Zum anderen besteht der Großteil der mexikanischen Bevölkerung aus **mestizos,** eben diesen „Kindern der Gefickten", und auch das vereint irgendwie gegenüber „den Anderen", denjenigen Nicht-Mexikanern, die dem Land nur schaden wollen und den Fortschritt auf materieller und philosophischer Ebene verhindern.

Chingar – das magische Wort

¿Adónde se fue el chinga(d)o cabrón ese?
Wo ist dieser miese Scheißkerl nur hin?

¿Qué chinga(d)os haces*?
Was zum Teufel treibst du da?

¡Vete a la chingada*!
Verpiss dich!

¡Ah, chingaos ...!
Verdammte Scheiße!

¡Me lleva la chingada!
Verdammt!, Scheiße!

chingado (oder ganz schnodderig: chingao), als Adjektiv verwendet, ist ein etwas heftigerer Kraftausdruck und entspricht in etwa der deutschen Vorsilbe „Scheiß-".

Floskeln mit „chingar"

achingatar	mit der bloßen Anwesenheit beeindrucken:	*... wenn man z. B. auf einer Fete einen dummen Spruch über einen (sitzenden) Partygast macht, der das mitbekommt und sich beim Aufstehen in einen wahren Schrank verwandelt ...*
Este sí me achingata.	Der flößt mir ganz schönen Respekt ein.	
chinga	Schinderei; Schlägerei	
chingadazo	heftiger Schlag	
¡Chíngale!	Beeil dich! / Hau rein!	
chingamadral	große Menge	
chingaquedito	jem., der dauernd mit Kleinigkeiten nervt	
chingo, chinguera	große Menge	
chínguere	Schnaps	
dado a la chingada	kaputt	
echo la chingada	stocksauer	
estar de la chingada	schlecht / böse sein	
hasta la chingada	tierisch weit weg	
¡Te mando a la chingada*!	Verpiss dich!	

Chingar – das magische Wort

In diesem Zusammenhang möchte ich kurz ein paar leyes („Gesetze") vorstellen, die sich so herrlich reimen und bei passender Gelegenheit zitiert werden.

La ley gringa: el que se apendeja se chinga.
Wer zum Schamhaar wird, macht sich kaputt.
Das Gesetz der Amis:
Wer sich dumm anstellt, hat's versaut und muss sehen, wie er alleine klarkommt.

La ley de Herodes: ó lo haces, ó te jodes.
Entweder tust du's oder du fickst dich.
Das Gesetz von Herodes:
Entweder machst du's, oder du musst sehen, wie du allein klarkommst.

Hier bedeutet joder so viel wie chingar.

La ley de Caifás: al jodido, joderlo más.
Den Gefickten mehr ficken.
Das Gesetz von Kaiphas:
Wer eh schon arm dran ist, dem wird noch der letzte Cent aus dem Kreuz geleiert.

Alternativen zu „chingado"

Das „magische" Wort ist immer dann unangemessen, wenn Personen anwesend sind, mit denen man nicht „so dicke" ist (no estar en confianza), oder wenn es sich dabei um Vertreter des anderen Geschlechts handelt.

Bis jetzt war das alles ziemlich starker Tobak, vor allem die Phrasen mit **madre** und **chingar,** die dem Reisenden am falschen Ort und zur falschen Zeit durchaus Probleme bereiten können. Dafür gibt es eine Reihe von neutralen Wörtern, die man auch als unwissender Tourist anwenden kann und für die man ein Lächeln oder einen freundschaftlichen Lacher ernten wird. Ähnlich wie **chingado** werden auch diese Wörter vor das Hauptwort gestellt, auf das sie sich beziehen, können aber auch allein stehen.

canijo	schwierig, schwächlich
desdichado	elendig
desgraciado	unglücklich
méndigo	blöd, dumm
maldito	verdammt

Weniger salonfähig ist die Verwendung von **puto*** (schwul), auch wenn man es z. T. durch ein willkürliches Verändern zu **pucto** etwas abschwächen will. Will man seinem Ärger à la **ah, chingaos,** aber weniger grob, Luft machen, gibt es „höflichere" Varianten:

maldito ist sehr schwächlich, man würde es in „besseren Kreisen" erwarten.

¡Ah, Chihuahua!	
¡Ah, chirrión!	*(Karren)*
¡Ah, chicharra!	*(Zikade)*
¡Ah, chispas!	*(Funken)*
¡Achí!	
¡Achis machis!	
¡Chin!	

Für **se fue a chingar su madre** *(der ist endlich abgezogen)* sagt man dann **se fue a Chihuahua a un baile** *(der ist auf einen Tanz nach Chihuahua gegangen).* Jeder weiß, worum es geht, aber das „magische Wort" blieb unausgesprochen. Auch das ist **doble sentido!**

¡chin! ist die gängige Variante für kleinere Ärgernisse und auch bei Frauen salonfähig.

No la chifles, que es cantada.
(statt **¡No (la) chingues!***)*
Pfeif sie nicht, denn sie wird gesungen!
Nerv mich nicht!

Richtig witzig wird es mit Umschreibungen für ¡Me lleva la chingada!. *Hier sind der Fantasie keine Grenzen gesetzt!*

¡Me lleva ...!	Mich nimmt ... mit!
el carajo	der Schwanz (des Mannes)
el tren	der Zug
la fregada	die Gebürstete
la que me trajo	die mich herbrachte
la retostada	die Wiedergeröstete
la tía	die Tante
la tiznada	die Verrußte
la tostada	die Getoastete
la trampa	die Falle
la tristeza	die Traurigkeit
la trompada	die Kollision

Schließlich muss auch noch das Reich der Mitte herhalten: **mandar alguien a la China** anstelle von **mandar alguien a la chingada**.

Fregar – bürsten & zerbrechen

Geht es um **chingado** im Sinne von „kaputt" oder „zerbrochen", wird auch **fregado** (gebürstet) verwendet.

Eine **friega** ist eine Schinderei. Man kann jemanden auch zur **fregada** (in die Wüste oder dahin, wo der Pfeffer wächst) schicken **(te mando a la fregada, vete a la fregada),** und selbst den **hijo de la fregada** als „höfliche" Variante des **hijo de la chingada** gibt es.

¡Friega a tu madre! würde jeden Mexikaner verunsichern, da die Befehlsform von **fregar** eher mit „jemandem auf die Nerven gehen" assoziiert wird, und man dann eher **¡Friega a tu mamá!** und nicht **... a tu madre** sagen würde – der Schuss ginge also nach hinten los.

Fregar ist so etwas wie die nette Variante von chingar, *wird also auch außerhalb des gleichgeschlechtlichen Freundeskreises verwendet. Es entspricht in weiten Teilen der Bedeutung von* chingar, *vor allem im Sinne von „jemanden nerven" sowie von „kaputtgehen".*

Joder – vögeln, aber anders

Dieses geflügelte Wort wird vielen Spanischsprechern geläufig sein, schon allein deswegen, weil es viele Spanier so gern verwenden. In Mexiko spielt es angesichts so vielfältiger Wörter wie **chingar** oder **fregar** eine eher untergeordnete Rolle.

Se me jodió la máquina.
Die Maschine fickte sich mir.
Die Maschine ist im Arsch.

Joder ist auf jeden Fall kein wirklich nettes Wort. Es entspricht weitestgehend chingar *(Beschreibung von Kaputtem, oder Kraftausdruck) und sollte nur im Freundeskreis verwendet werden.*

45

Obwohl es hier tráete *(„hol dir") heißt, ist doch gemeint, dass „du dir" den Schraubenzieher holst, um ihn dann „mir" zu geben.*

¡Tráete el jodido destornillador!

Hol dir den gefickten Schraubenzieher!

Nun hol mir diesen Scheiß-Schraubenzieher!

¡Ese sí que te jodió!

Der fickte dich aber wirklich!

Der hat's dir aber richtig gezeigt!

Sólo pedo o dormido no se siente lo jodido.

Nur Furz oder schlafend fühlt man nicht das Gefickte

Nur besoffen oder schlafend merkt man nicht, wie beschissen es einem geht.

joda, jodedera	nervige Arbeit od. Aufgabe
jodido	kaputt, ruiniert
jodón / jodona	Nervensäge *(Mann / Frau)*
¡Me jode!	Es kotzt mich an!
¡No jodas!	Jetzt mach aber mal 'n Punkt!
¡No jodes!	Sag bloß! / Mach keinen Scheiß!
¡No me jodes!	Nerv mich nicht!

Als neutrale Variante für **joder** gilt **jolín**, aber das hat schon einen sehr iberischen Beigeschmack. Absolut unüblich ist die Verwendung von **joder** im Infinitiv und zur Einleitung eines Satzes wie in Spanien, es sei denn, man will einen Spanier nachäffen. Dann wird das **j** richtig rau ausgesprochen, **c** und **z** werden gelispelt, was das Zeug hält, das **s** klingt fast wie ein englisches „sh", und man spricht sehr aggressiv:

Joder, es que, Venancio dijo ...
Verdammt, es geht darum,
dass Venancio sagte ...

Anders als in Spanien wird auch nicht jeder
dritte Satz mit einem Schimpfwort (vor allem
puta „Hure") begonnen, sondern nur jeder
zwanzigste Satz.

Venancio ist ein typischer Name für spanische Witzfiguren, eine Art Erwachsenenausgabe von Fritzchen.

Y tú, ¿quién eres? – woher man kommt

Mexiko ist politisch in 31 Bundesstaaten
und in einen Bundesdistrikt, nämlich **México, Distrito Federal (D. F.),** aufgeteilt. Hier eine Liste mit den Bundesstaaten, ihren Kürzeln (wie man sie auch auf den Nummernschildern der Autos sieht) und den Namen der Einwohner, die man natürlich auch als Adjektiv verwenden kann:

Mit einem Smartphone können Sie sich die Wörter, Sätze und Redewendungen dieses Kapitels anhören.

Kürzel	Bundesstaat	Einwohner
AGS	Aguascalientes	hidrocálido
BC	Baja California	californiano
BCS	Baja California del Sur	sudcaliforniano
CAMP	Campeche	campechano
CHIH	Chihuahua	chihuahuense
CHIS	Chiapas	chiapaneco
COAH	Coahuila	coahuilense
COL	Colima	colimense
DF	Distrito Federal	capitalino
DUR	Durango	duranguense

Y tú, ¿quién eres? – woher man kommt

HGO	**Hidalgo**	**hidalguense**
JAL	**Jalisco**	**jalisciense**
GRO	**Guerrero**	**guerrerense**
GTO	**Guanjuato**	**guanajuatense**
MEX	**México**	**mexiquense**
MICH	**Michoacán**	**michoacano**
MOR	**Morelos**	**morelense**
NAY	**Nayarít**	**nayaritense**
NL	**Nuevo León**	**neoleonés**
OAX	**Oaxaca**	**oaxaquense**
PUE	**Puebla**	**poblano**
QR	**Quintana Roo**	**rooense**
QRO	**Querétaro**	**queretano**
SIN	**Sinaloa**	**sinaloense**
SON	**Sonora**	**sonorense**
SLP	**San Luis Potosí**	**potosino**
TAB	**Tabasco**	**tabasqueño**
TAMPS	**Tamaulipas**	**tamaulipeco**
TLAX	**Tlaxacala**	**tlaxcalteco**
VER	**Veracruz**	**veracruzano**
YUC	**Yucatán**	**yucateco**
ZAC	**Zacatecas**	**zacatequense**

Dabei gelten die norteños ein wenig als texanische Cowboys, wie sich in den Redensarten le salió lo sonorense *(er wird sauer) und* darle fogata norteña *(jemanden zusammenschlagen und ausrauben) widerspiegelt.*

Haupt- und Eigenschaftswörter von aztekischen Ortsnamen werden oft mit -teco / -teca (m/w) *gebildet. Pate dafür ist die aztekische Nachsilbe* -tēcatl, *die so viel wie „Bewohner von …" bedeutet.*

La señora es tamaulipeca.
Die Dame kommt aus Tamaulipas.

Tengo un tío que es yucateco.
Ich habe einen Onkel, der Yukateke ist.

Nun wirkt das ein wenig steif und förmlich; etwas netter und salopper sind die folgenden Ausdrücke.

abajeño	aus dem Bajío
angelopolitano	aus Puebla/PUE
boxito	yukatekisch (von Maya **bòox,** „schwarz")
brodi	aus Acapulco (von „brother")
chilango	aus México, D. F. (von aztek. **Chīllānco** „Platz zwischen Chilis")
codomontano	abwertend für **regiomontano,** spielt mit **codo** (geizig) auf die Schotten Mexikos an
espaldamojados, braceros	illegale Grenzübergänger zu den USA
huasteco	aus der Huasteca
indígena	Ureinwohner
indio*	Ureinwohner; Achtung: übles Schimpfwort im Sinne von „dumm", „ignorant", „kulturlos"!
indito	etwas netter als **indio,** dennoch herablassend
jarocho	von der Golfküste (vor allem Veracruz)
ladino	Ureinwohner, der seine Wurzeln ablehnt, wie ein **mestizo** lebt und **indígenas** für minderwertig hält
mestizo	Mestize, eigentlich Kind indianischer und spanischer Eltern (Löwenanteil der Bevölkerung)
raza de bronce	Eigenbezeichnung der Mexikaner, vor allem, wenn es um die anahuakischen Wurzeln geht
regiomontano	aus Monterrey/NL
tapatío	aus Guadalajara/JAL

Die Anderen

Eigentlich ist man in Mexiko relativ vorurteilsfrei gegenüber anderen Nationen und Menschen anderer Hautfarbe, so dass z. B. **judío** (Jude), **gitano** (Roma) oder **negro** (Farbiger) keine abwertenden Begriffe sind. Wenn

Natürlich kann china *auch „Chinesin" bedeuten!*

Sie jetzt denken, mit **chino** bzw. **china** wäre jemand gemeint, dessen Wurzeln im Reich der Mitte liegen, haben Sie sich geirrt; hier geht es nämlich um einen „Lockenkopf"! Hintergrund soll der sein: Im peruanischen Quechua bedeutet **china** so viel wie „Weibchen" und wurde früher für indianische Frauen verwendet, die als Hauspersonal in wohlhabenden Häusern arbeiteten. Mit der Zeit wurden sie durch afrikanische Sklaven ersetzt, die eher lockige Haare hatten. Somit ging der Begriff zuerst auf die Farbigen und dann auf die Lockenpracht über. **Dejarlo chinito a uno** bedeutet so viel wie „jem. ein wohliges Kribbeln zu verschaffen" – womit auch immer!

moreno & blanco

Wenn allerdings ein Mann von seiner Frau als mi morenita *spricht, dann ist das durchaus charmant und nett gemeint.*

Über die Begriffe **moreno** und **blanco** besteht viel Diskussion, vor allen Dingen bei denen, die ersteres sind. Vielleicht könnte man sie mit einem hohen bzw. geringen Anteil indianischen Blutes umschreiben. Während **blanco** eher bewundernd eingesetzt wird, kann bei **moreno** etwas von „minderwertig" mitschwingen.

**Hay que trabajar como negro
para poder vivir como blanco.**
Man muss wie ein Schwarzer schuften, um wie ein Weißer leben zu können.

Dieser Spruch ist eigentlich nicht rassistisch gemeint, da die meisten Mexikaner weder Farbige noch „echte" Weiße sind und sie diesem Konflikt eher unbeteiligt gegenüberstehen.

Spanier & US-Amerikaner

Um sich die kollektive Missgunst der Mexikaner zu verdienen, muss man das Volk ziemlich geknechtet und übers Ohr gehauen (also „chingiert") haben, und das haben bis jetzt nur zwei Nationen geschafft:

● die Spanier aufgrund der **conquista** – Noch heute werden sie als **gachupines** beschimpft, das sich vom aztekischen **cactzapīni** ableitet, also „Sporentreter".

● die US-Amerikaner – auch hier aufgrund der mannigfaltigen Annektionsversuche und der Einflussnahme in interne Angelegenheiten (**son bien metiches** „sie mischen sich überall ein"). Man nennt sie **gringos,** was sich von **griego** *(griechisch)* ableiten soll, im Sinne von „unverständlicher Sprache".

Das Verhältnis zu den **gringos** ist sehr gespalten: **ni con ellos, ni sin ellos** (weder mit ihnen noch ohne sie geht es). Jemand, der sich dem Lebensstil von **Gringolandia** „zu sehr" annähert (und damit die eigenen Wurzeln verrät), wird als **agringado** oder **pocho** bezeichnet. Kommt er aus **Chilangolandia,** nennt man ihn **pachuco,** und ist er auch noch kriminell, **cholo.** Eine **gringada** ist etwas typisch US-Amerikanisches, vielleicht eine Talkshow

Na ja, wer bei einem texanischen Urgestein nach „gutem" Englisch sucht, dürfte zu ganz ähnlichen Schlussfolgerungen kommen …

oder eine Einmischung in innenpolitische Angelegenheiten.

Argentinier

Ein Kind fällt ins Wasser. Da sind ein Mexikaner, ein Erzengel und ein bescheidener Argentinier. Wer wird nun das Kind retten? – Der Mexikaner, denn es gibt weder Erzengel noch bescheidene Argentinier.

Argentinier gelten als arrogant, da sich viele von ihnen als Europäer, nicht aber als **latinos** betrachten. Ein spezielles Wort für sie gibt es nicht; allerdings wird im Bedarfsfall der Begriff **che** (Kumpel, eigentl. argentinische Anredeform ähnlich wie „hey") verwendet und das **rioplatense**-Spanisch imitiert, das bedeutend melodischer klingt: **arhentiiiiino** (↗↘) mit einer fallenden Kontur. Es gibt viele Witze über die Arroganz der Argentinier, z. B.:

> **Un niño se cae al agua.**
> **Por ahí andan un mexicano, un arcángel**
> **y un argentino modesto.**
> **¿Quién salvará el niño? – El mexicano,**
> **pues no hay ni arcángeles**
> **ni argentinos modestos.**

Kubaner

Macht man sich über Kubaner lustig, spricht man mit spricht man mit tiefer, sonorer Stimme und geschürzten Lippen, schluckt **d** und **b** komplett und beginnt jeden Satz mit **Oye, chico ...** (Hör mal, Kleiner ...).

Was andere Nationen Lateinamerikas betrifft, so üben die Mexikaner Solidarität (zum Teil wird der Begriff raza de bronce *verwendet). Kleine Frotzeleien gibt es zwar, sie sind aber nie wirklich ernst gemeint.*

Guatemalteken

Die **guatemaltecos,** die so genannten **chapines,** sind aufgrund des Bürgerkrieges nach Mexiko, vor allem nach Chiapas geflohen. Entsprechend der **ley de Caifás** (s. o.) arbeiten viele **chapines** unter noch schlimmeren Umständen als die **indígenas** (**los más fregados de todos,** die am beschissensten dran sind).

Deutsche

Als Deutscher ist man in Mexiko generell gut beleumundet, da sich die Deutschen laut Volksmund nicht eingemischt haben und im Gegenteil vor allem Dichter und Denker, allen voran Alexander von Humboldt, hervorgebracht haben. Sollte man Ihnen dennoch ein „jail Jitler" entgegenschmettern, so sollten Sie durchaus zu verstehen geben, dass so etwas fehl am Platze ist: **oye buey, eso ya pasó desde un buen rato y fue toda una mamada** (hör mal zu, Kumpel, das ist schon lange vorbei und war ziemliche Scheiße).

Die meisten Mexikaner, die Sie so begrüßen, meinen dies weder rechtsradikal noch provokativ, sondern möchten in erschütternder Naivität ihre (aus Kriegsfilmen gewonnenen) sehr rudimentären Deutschkenntnisse unter Beweis stellen!

Von Erdbeeren & Kakteen

So tolerant die Mexikaner gegenüber anderen Nationen sind, so intolerant können sie eigenen Bevölkerungsgruppen gegenüber sein. Zwei Stereotypen, die von den meisten Leuten als **odioso** (obernervig) eingestuft werden, denen Sie aber vor allem in **Chilangolandia** durchaus über den Weg laufen werden, möchte ich Ihnen kurz vorstellen: den **fresa** und den **naco.**

In Mexiko ist Bescheidenheit bis zur Selbstaufgabe eine hohe Tugend, weswegen fresas *(aufgepasst:* el fresa, la fresa, los fresas!*) nicht wirklich beliebt sind:* ¡Qué pesados, estos fresas!, *im Sinne von „wie nervig!".*

Rock 101 ist mittlerweile übrigens über das Internet zu empfangen: https://soundcloud.com /nloizaga/las-nuevas-f-bulas-de-la

Einen Einblick in das fresa*-Vokabular bietet Luis de Alba alias El Pirruris, der auch auf YouTube zu finden ist.*

Fresas

Mit **fresas** (Erdbeeren), mittlerweile auch **cools** genannt, werden arrogante, hohlköpfige und konsumwütige Jugendliche aus meist besserverdienendem Elternhaus betitelt. Sie verfügen über Geld, halten sich für gebildet und lassen ihre Umwelt beides spüren.

Früher gab es im Jugendradiosender Rock 101 eine Hörspielserie, in der **señor X, el asesino de los fresas,** massenweise und zur Freude der Zuhörer **fresas** meuchelte. Typisch für diese Zeitgenossen sind schicke Markenklamotten, Sonnenbrillen **(lentes oscuros)** auch in geschlossenen Räumen, weil es so schön cool ist, und schicke, frisierte Autos. Prinzipiell mögen **fresas** alles, das gerade in Mode ist, von Kleidung über Musik bis hin zu Denkweisen, und konsumieren diese Mode, ohne zu hinterfragen. Wer gestern noch HipHop toll fand, hört morgen Metal **(merol),** weil es eben gerade in ist.

Ihre Sprechweise klingt für mich ein wenig, als ob man mit einem übertriebenen wienerischen Akzent Spanisch spricht: etwas näselnd, leicht arrogant und gelangweilt. Daher sagen **fresa** eher **goey** anstelle von **buey** – da sie so sehr näseln, klingt es eben so, und so schreiben sie es teilweise auch –, obwohl sich die Bedeutung nicht ändert.

Fresoide ist entweder das Adjektiv zu fresa oder etwas, was dem fresa-Tum gefährlich nahe kommt.

Oft wird **o sea, ¿no?, cool, uff, ash** oder **¿me entiendes?** als Füllsel verwendet, zusammen mit vielen (unnötigen) Anglizismen und Mischwörtern, z. B. **superbién.** Am Ende des Satzes steht meist ein gelangweiltes **¿nooo?** (↗)**,** wahlweise auch **okaaaaay?** (↗)**.**

Está pa'l perro (es ist für'n Hund) kann mehrere Bedeutungen haben, je nachdem, wie der Zusammenhang ist:

Hat der Gesprächspartner einen **fresa** nicht verstanden, wird auch gerne einmal mit **o sea, ¿hello?** nachgehakt. Anstelle von **¡qué padre!** für „klasse!" oder „spitze!" verwenden die **fresas** ein **¡Qué buena ooooonda!** (↘)**.**

etwas ist hässlich, schlecht, weit weg oder in irgendetwas verwickelt.

Hier etwas mehr „fresoides" Vokabular:

bro(ther)	*Bruder*	Freund, Mit-**fresa**
buena onda	*gute Welle*	nett, freundlich
del nabo,	*von der Kohlrübe*	schrecklich
de la fruta	*von der Frucht*	
de pelos	*von Haaren*	super
en buena onda	*in guter Welle*	biiiitte!
equis	*X*	x-beliebig
eres otro nivel	*du bist andere Ebene*	du bist nett
gato	*Katze*	jemand mit schlechtem Geschmack

gente bien	*Leute gut(-situiert)*	die oberen Zehntausend
in	*in*	in, en vogue
¿Kakokekó?		Hä?
Kool-Aid		beschissen
(*Verballhornung von* **culero**; **Kool-Aid** *ist ein Getränkepulver*)		
mala onda	*böse Welle*	schlecht drauf, böse
mil de	*1000 von*	viel
nave	*Schiff*	Auto
nice, fresh	*nett, frisch*	nett, gut
¡no manches!	*Klecker nicht!*	fresoide Variante von **¡no mames!**
par'i		Fete, Party
peli, muvi	*Film*	Film
pendejo	*Schamhaar*	Fußvolk
plis,	*„bitte"*	Bitte, …
porfis	*„wegen Gefallen"*	
¡Qué ooooso!	*Was für'n Bär!*	Was für 'ne Blamage!
¿Qué fish?	*Was für'n Fisch?*	Was gibt's?
sale, bye	*es geht raus, tschö*	Tschüss! / Verpiss dich!
		(*je nach Situation und Tonfall*)
super cool	*super kühl*	klasse
ultra amiguis	*ultra „Freundin"*	beste Freundin
vales mil	*du bist 1000 wert*	du bist mir wichtig

Esta bien sucu-mamita.
Sie ist gut „ihr Arsch-Mütterchen"
Sie ist 'ne geile Braut.

Está como quiere.
Er (Sie) ist wie er will.
Er / Sie sieht klasse aus.

Cool wie sie nun mal sind, haben die **fresas** viele Möglichkeiten, „verschwinde und nerv mich nicht weiter" auszudrücken. Hier ein paar Beispiele von vielen. Am besten, man beginnt mit **O sea, ...** (Soll heißen, ...).

... ¡cómprate un plumón (una crayola) y píntate un amigo!
Kauf dir einen (Wachsmal-)Stift und mal dir einen Freund!

... ¡haz clic y minimízate!
Klicke und verkleinere dich *(... wie ein Fenster am Computer)*!

... ¡búscate un bosque y piérdete en él!
such dir einen Wald und verirre dich darin!

... ¡siembra un árbol y cuélgate!
säe einen Baum und häng dich daran auf!

... ¡ve al Queen Mary y húndete!
geh auf die Queen Mary und versinke mit ihr!

... ¡cómprate un Big Brother y autonomínate!
kauf dich bei Big Brother ein und nominiere dich selbst *(bzw.* vote dich raus)!

Diese supercoolen Sprüche enden mit einem gelangweilten **¿noooo?** (↘) oder **sí me 'ntieee-endes** (↗)**, ¿no?** „Du verstehst mich doch, oder?".

Nacos

Als **extranjero** *sollten Sie niemanden* **naco*** *nennen, das könnte ins Auge gehen! Verhalten Sie selbst sich wie das Gegenteil eines* **naco,** *und Sie werden Respekt ernten.*

Andere Wörter für **naco** *sind* **naquín, nacayote** *oder* **najayote.** *Man kann* **naco** *auch als Eigenschaftswort verwenden, und die höchste Steigerungsform ist* **naquísimo.**

Noch unbeliebter sind die **nacos.** Wer oder was ist nun ein **naco?** Für die Reichen sind es die Armen, für die Armen die **morenos,** für die **morenos** sind es die **indígenas,** und für die sind es die Spanier … – kurzum, ein Proll, von dem man sich ganz klar distanziert. Im **naco** sind alle Stereotypen eines moralisch verderbten Menschen vereinigt: laut, intolerant, eitel, ungebildet, dummdreist, frauenfeindlich, vorlaut, **malinchista** (vgl. S. 40), markenliebend, duckmäuserisch, faul, angepasst, hinterhältig, nervig, arrogant, leicht tuckig, verfressen, motzt sein Auto mit vielen Aufklebern und prolligen Accessoires wie einer langen, gebogenen Antenne auf, trägt Voku-Hila und lässt den Nagel des kleinen Fingers länger wachsen als den Rest … Kurz: der **naco** ist das Gegenteil des „idealisierten" Mexikaners.

Hier ein paar typische Floskeln aus dem **naco**-Slang:

¡Aguanta!	*Halte aus!*	Warte auf mich!
¡Aray!		Wie geht's?
biónico	*bionisch*	hervorragend
camarón, cámara	*Garnele, Kamera*	ja, okay
carnal, carnaval	*fleischlich, Karneval*	Bruder
cuca	*Made*	weibl. Schambereich
¡Chale!	*„wirf (es) ihm!"*	Donnerwetter!
chamba	*Arbeit*	Arbeit
chido	*strotzend*	toll, verschärft
chido el adobo	*strotzend die Würze*	okay

chompeta	„Sportjacke"	Kopf
dar el rol	die Rolle geben	spazieren gehen / fahren
del barrio	vom Viertel	Freund, Kumpel
feria	Messe	Geld
¡Ira!	„Schau!"	schau!
jambar, tramar	„vollstopfen", ausklüngeln	essen
¡La neta!	Das Netto!	Wirklich und wahrhaftig!
manta	Decke	Freundin
¡Me cae que sí!	Es fällt mir dass doch!	Aber hallo! Und ob!
mechas, mata, greñas	Schöpfe, Matte, Strähnen	Haare
mi sangre	mein Blut	mein Bruder
nave, bote	Schiff, Eimer	Auto
Nelson, nel (pastel)	Nelson, „also" (Kuchen)	nein
nenorra, macita	„Mädchen", „Mütterchen"	schöne Frau
ñero	„Genosse"	Kumpel
panbol	Brotball	Fußball
papas	Kartoffeln	einverstanden
pirus	„Hure"	Nutte
pomo	Türknauf	Flasche Alkohol
¿Qué transa?	Welche krumme Tour?	Was gibt es?
'ta grueso	ist „dick"	das ist schwierig
tapsi	„Taxi"	Taxi
teclas	Knöpfe	weibliche Brust
toquín	„Berührer"	Fete
¡Vamos a inflar!	Gehen wir aufblasen!	Lasst uns saufen gehen!

Nun sind mittlerweile nicht mehr alle genannten Begriffe nur auf den Naco-Slang begrenzt. Man hört zum Beispiel auch

Der bereits bei den fresas erwähnte Pirruris ist optisch ein (reicher) naco, was natürlich die Komik der Figur erhöht.

¡me cae que sí! *(aber hallo!)* oder **no tengo feria** *(hab' keine Knete)* von Leuten, die nicht unbedingt dem Naco-Image entsprechen. Gleiches gilt für **chido** *(toll, klasse, geil)*.

Typischer allerdings ist, dass viele Wörter verballhornt, oder solche Wörter benutzt werden, die ähnlich wie die in Wirklichkeit Gemeinten beginnen:

naco-Slang	Wort für Wort	Original
¡A todas margaritas!,	*zu allen Margariten*	**¡A huevo!**
¡A toda madre!,	*zur ganzen Mutter*	**(Auf jeden Fall!)**
¡A Wilson!,	*zu Wilson*	
¡A Wilbur!,	*zu Wilbur*	
¡Abuelita de Batman!	*Oma von Batman*	
¡Ahí los vidrios!	*dort die Gläser*	**¡Ahí nos vemos!**
		(Bis denne!)
ancina	*„so"*	**así (so!)**
¡Baygón!	*(Insektenspray)*	**Bye!**
cabrera	*Ziegenhirtin*	**cabrón**
cisterna	*Zisterne*	**sister**
¡Claro que Swith!	*Klar dass Swith!*	**¡Claro que sí!**
de Miguelito	*von Miguelito*	**mío**
¡De un avestruz!	*Von einem Strauß!*	**¡De una vez!** (Los jetzt!)
hace frijolito	*es macht Böhnchen*	**hace frío**
haiga	*„es gäbe"*	**haya**
huacho	*„Uhr"*	**watch**
la turca	*die Türkin*	**la tuya**
licar	*„schauen"*	**look**
mi piacha	*„mir gefällt"*	**mi piace**
nailons	*Nylons*	**nalgas (Pobacken)**
naranjas	*Orangen*	**nada**
¡Ni maíz, paloma!	*auch-nicht Mais, Taube*	**¡Ni madres!**

¡Ni módulo!	*auch-nicht Bauteil*	¡Ni modo! (Egal!)
no te habías vigas	*du hattest dir nicht Zweige*	no te había visto
¡Of course, my horse!	*Klar, mein Pferd!*	Of course!
¡Padriuris!	*„väterlich"*	¡Qué padre!
¡Por su pollo!	*Wegen seinem Huhn!*	¡Por supuesto! (Auf jeden Fall!)
¿Qué hongo?	*was Pilz*	¿Qué onda? (Wie geht's?)
¡Qué milanesas!	*Was Schnitzel!*	¡Qué milagro!
¿Qué pescado?,	*Was Fisch?*	¿Qué pasó?
¿Qué pasitas, machín?,	*Was Rosinen, Männchen?*	(Wie geht's?)
¿Qué pez, Acuamán?	*Was Fisch, Aquaman?*	
¿Qué transita por tus venas?	*Was zirkuliert durch deine Venen?*	¿Qué transa? (Was gibt's?)
serpiente	*Schlange*	cerveza (Bier)
¡Ya estufas!	*Schon Öfen!*	¡Ya estuvo! (Fertig!)
¡Ya Valentín!	*Schon Valentín!*	¡Ya valió madres!

„Spitzenreiter" in dieser Hinsicht sind die Naco-Versionen von **sí** (also dem ganz normalen „ja"): **sí pues, cincho** (Gurt), **Simona la cacariza Vasca de borracha** (*Vasca lacht im Suff gackernd über Simona*), **si montas perro cachetón** (*wenn du einen pausbäckigen Hund besteigst*), **yeah-yeah, abuelita mi café** (*Oma, mein Kaffee*), **sífilis with gonorrea** (*Syphilis mit Tripper*).

Mehr naco-*Slang finden Sie auf* www.inciclopedia.wikia.com/wiki/Anexo:Lenguaje_naco.

¿Qué pasión obstruye tus venas?
Was für eine Leidenschaft verstopft deine Venen?
Was ist los mit dir?

Ein kleiner Tipp: Wenn Sie mit dem pesero unterwegs sind und aussteigen wollen, sagen Sie einfach: ¡Aquí bajan, por favor! (etwa: Hier wollen Leute aussteigen, bitte).

Naco-Slang hört man auch öfters an den Bus- und **pesero**-Haltestellen sowie auf Flohmärkten. So ist es kein Wunder, dass es auch spezielle **naco**-Ausdrücke für den Zaster gibt (s. „Nägel, Wolle, Licht – der schnöde Mammon").

Schließlich finden es viele **nacos** toll, gutaussehenden Frauen aus dem vorbeifahrenden Auto ein **¡Sabrosas!** (*„Leckere!"*, etwa: „geile Schnitten!") zuzurufen.

Wenn auch die **nacos** als Prolls gelten, ist es doch beeindruckend, wie geschickt sie mit der Sprache jonglieren. Hintergrund ist hier ganz klar der **doble sentido.**

Von Reiher-, Wolken- & wahren Menschen

Auch die Indianersprachen haben ihren Teil zur mexikanischen Umgangssprache beigetragen. Dabei sind schon die Eigennamen einiger Völker reine Poesie:

Spanisch	Eigenbezeichnung	Bedeutung
aztecas	āztēcah	Bewohner des Reiherlandes
chatinos	kitse cha'tnio	Arbeit der Wörter
chinantecos	tsa ju jmí	Volk des alten Wortes
chochos	runixa ngiigua	die eine Sprache sprechen
huastecos	téenek	die Hiesigen
lacandones	hach winik	wahre Menschen
matlatzincas	matlatzinca	Netzknüpfer
mazatecos	ha shuta enima	Volk der Traditionen
mexicas	mēxicah	Menschen der Willenskraft
mixes	ayuuk jä'äy	Volk der Blumensprache

Von Reiher-, Wolken- & wahren Menschen

mixtecos	ñùù s<u>a</u>vi	Regenmenschen
nahuas	mācēhualtin	Bauern
otomíes	hñä hñu	die, die durch die Nase sprechen
pápagos	tohono 'o'odham	Wüstenvolk
tarahumara	rarámuri	Läufer
tarascos	p'urhépecha	Menschen
tlapanecos	m<u>e</u>'ph<u>aa</u>	Bewohner des Färberlandes
totonacos	tutunaku	Bewohner heißer Landstriche
triqui	tinujei	mein Bruder
tzeltales	winik atel	arbeitendes Volk
tzotziles	bats'il winik'otik	wahre Menschen
zapotecos	binnizá	Wolkenvolk

Die Liste indianischer Ausdrücke, so genannter Indigenismen, lässt sich ins Unendliche führen. Die meisten sind aztekischen Ursprungs, wenn auch ein paar Maya-, zapotekische, taraskische und selbst karibische Wurzeln durchschimmern. Hier eine Auswahl:

Wer mehr wissen möchte: Die Kauderwelsch-Bände „Aztekisch (Nahuatl)" und „Maya für Yucatán" enthalten sowohl Listen für Flora und Fauna als auch weitere Indigenismen.

achichincle	Helfer, Knecht
ahuizote	Geißel der Menschheit
acuache	Spießgeselle
amate	Papier aus *Ficus*-Rinde
apachurrar	zerdrücken
apapachar	knuddeln
¡Áxcale!, ¡Ázcale!	So ist es!
barbacoa	Grillfest
(eigentlich: Garen im Erdofen)	
cacle	Schuh
chamuco	Teufel
changarro	Laden
chapopote	Teer

Von Reiher-, Wolken- & wahren Menschen

Indigenismen finden sich vor allem dort, wo Spanier auf Dinge trafen, die sie nicht kannten. Daher stammen viele Begriffe aus Flora und Fauna, der traditionellen Landwirtschaft) sowie Essen und Trinken aus indigenen Sprachen. Auf die vielen Tier- und Pflanzennamen kann ich leider hier nicht eingehen – lassen Sie sich mal vor Ort einen ahuehuete *oder* zopilote *zeigen!*

Wer eine chela *zischt, weiß meist nicht, dass er eine „Blaue" trinkt, denn genau das bedeutet das Maya-Original* ch'èel. *Blauäugige werden auch so bezeichnet, und damit vor allem Blonde. Über diese Schiene nähern wir uns dem auch im Deutschen bekannten „kühlen Blonden", und somit ist die Brücke zum Bier geschlagen.*

chela	Bier
chicote	Peitsche
chipi-chipi	(nervender) Nieselregen
chinampa	Feldbewirtschaftung auf einem Floß, Hydrokultur
cuate	Kumpel, Busenfreund
escuincle*/-a*	Kind, Balg *(m/w)*
guajolo-jet	Bus *(„Truthahn-Jet")*
guajolote	Truthahn
guarache	Sandale
guarachear	abtanzen, abhotten
huipil	traditionelle Frauenbluse
itacate	Fresspaket
jacal	Kiepe, Kiste; Hütte
metate	Reibefläche für Mais
metlapil	Reibezylinder für Mais
milpa	Feld, Acker
mitote	Aufstand, Umstand
molcajete	Steinmörser
nejo/-a	schmutzig
ocote	Kienspan, Kiefer
papalote	Spielzeugdrachen
papaquis	mit Konfetti gefüllte Eier
pepenar	aussuchen, herauspicken
petaca	Tasche
petate	Palmblattmatte
petatearse	abnibbeln (sterben)
popote	Strohhalm
tacuche	Anzug; *a.:* Einwickeltuch
talacha	Fleißarbeit, eintönige Arbeit
tecolín	Steinstößel für den **molcajete**

64

tezontle	dunkelrotes poröses Vulkangestein
tianguis	Wochenmarkt
tiliches	Krimskrams
titipuchal	'ne Menge
tiza	Asche
tlacualiar	schmausen
tlapalería	Eisenwaren- und Farben-handlung à la „Tante Emma"
zacate	Gras
zacatal	Grasfläche

Fumas como un chacuaco.
Du rauchst wie ein Rauchgefäß.
Du qualmst wie ein Schornstein.

Nos van a caer los tecolines.
Uns werden die Steinstößel fallen.
Das werden harte Zeiten!

Indigenismen sind zwar Umgangssprache, aber nicht unbedingt Slang im Sinne von „schlechtem Spanisch"; sie werden meist als griffiger, vertrauter und netter als ihre spanischen Pendants empfunden. **Traje mi comida,** sagt der Abteilungsleiter zum Direktor der Firma, **traje mi itacate** der eine Kumpel zum anderen, und beide meinen dasselbe: „Ich habe mein Lunchpaket dabei". Begriffe wie **achichincle** oder **escuincle*** (vom aztek. **itz-cuintli** „Hund"!) kann man ggf. im Gespräch über Dritte verwenden, obwohl ersteres eher ironisch, letzteres eher abwertend klingt, aber man sollte niemanden direkt damit betiteln.

Bei vielen mestizos *(und selbst* ladinos, *s.o.) hat sich das Vorurteil gehalten,* indí-genas *seien nur unfähiger, unmündiger Pöbel, wie es in folgenden* refranes *zum Ausdruck kommt:* No hay que darle la razón al indio aunque la tenga *„Auch wenn der Indio Recht hat, darf man ihm kein Recht geben",* oder El indio no tiene la culpa sino el que lo hace su compadre *„Nicht der Indio hat Schuld, sondern der, der sich mit ihm abgibt". Die* indí-genas *kontern mit* Al mestizo el diablo lo hizo, al indio el Dios bendito *„Den Mestizen hat der Teufel erschaffen, den Indio der liebe Gott"* oder Si quieres cuidar tu raza, a la india con indio casa *„Willst du deine Rasse reinhalten, verheirate Indios nur untereinander".*

Kartos meet nopales – Humboldt-Deutsche

In Mexiko existiert seit vielen, vielen Jahren eine große deutsche Kolonie, die zum einen aus nach Mexiko entsandten Fachkräften (Lehrer, Ingenieure usw.) und deren Familien, zum anderen aus deutschstämmigen Familien besteht, die z. T. in der vierten Generation im Lande wohnen und offiziell Mexikaner sind. Das schafft eine Art Netzwerk, das aus deutschen Firmen und Kultureinrichtungen besteht, allen voran die deutschen Schulen **(Colegio Alemán „Alexander von Humboldt"), el Instituto Goethe** und **la embajada alemana.**

Auch dort pflegt man eine Art Slang, nämlich das Humboldt-Deutsch. Es besteht aus einer bunten, fast anarchischen Mischung aus Deutsch und Mexikanisch-Spanisch. Man definiert sich als **karto** *(Kartoffel)* oder **nopal** *(Kaktus)* und man verwendet die Satzkonstruktion, die das Gefühlte am ehesten ausdrückt, z. B. **Oye, pásame el clasenbuj,** oder **Hast du schon die Panes dultzes für die Merienda gekauft?** Ganz typisch ist das Eindeutschen spanischer Verben, indem man **-ar, -er** oder **-ir** durch **-ieren** ersetzt: **rekomendieren** (empfehlen, **recomendar**), **apretzieren** (schätzen, **apreciar**).

Natürlich gibt es auch chingieren, fregieren *usw. Ebenso besteht die Möglichkeit, deutsche Verben mit* hacer *ins Spanische einzubetten:*

Te puedo hacer vorstellen con el Jerr Wilmans.
Ich kann dich Herrn Wilmans vorstellen.

Die lockere Sprache des Alltags

Obwohl man Begriffe mit **chingar, fregar** und **madre** vielfältigst verwenden kann, bedeutet das nicht, dass sich damit der mexikanische Slang erschöpft hätte. Im Gegenteil: Hier öffnet sich ein Kaleidoskop farbenfroher Begriffe und Phrasen.

Mit einem Smartphone können Sie sich die Wörter, Sätze und Redewendungen dieses Kapitels anhören.

Begrüßung & Verabschiedung

¿Qué onda? **¿Cómo 'tas?** **¿Qué pasó?**
Was Welle? *Wie bist du?* *Was passierte?*
Wie geht's? Wie geht's dir? Alles klar?

Unter Freunden kann man natürlich auch mit **¿Qué onda, cabrón / cabrona?** oder **¿Cómo 'tas, buey?** grüßen. Während **¿Qué hay?** eher konkret fragt, was denn nun ansteht, ist **¿Qué hubo?** eher ein Gruß à la „Was gibt's Neues?". Das Ganze wird zu **¿Quiobo?** oder **¿Quiubu?** zusammengezogen und ggf. noch mit einem **-le** versehen, also z. B. **¿Quiúbule?**

Dieses **-le** („ihn") findet man an viele Wörter angehängt. Ich glaube, dadurch wird die Sprache „runder".

Zum Abschied gibt es viele Möglichkeiten, wie **¡Ahí nos vemos!** *(Dort sehen wir uns!),* **¡Cuídate, cabrón!** *(Pass auf dich auf, Ziegenbock!),* **¡Bye!, ¡Ciao!** oder **¡Hasta luego!** *(bis später).* **Ahuecar el ala** *(den Flügel hohl machen)* oder **dar el alazo** *(den Flügelschlag geben)* ist so ähn-

Bienvenidas las visitas por el gusto que nos dan cuando se van.
Willkommen sind Besucher, weil sie uns so viel Freude bereiten, wenn sie wieder gehen.

lich wie „den Sittich" bzw. „einen langen Schuh machen". Auf den ersten Blick verwirrend ist **Si tienes tele ...** (*wenn du Fernsehen hast*). Der Spruch stammt aus einer Fernsehserie und wird, entweder in Gedanken oder ausgesprochen, mit **... ahí te ves** (*siehst du dich dort*), in Anlehnung an **ahí nos vemos**) vervollständigt.

Ausrufe & Floskeln

Einige dieser Ausrufe haben keine Entsprechung im Deutschen, und so habe ich in Klammern gesetzt, wie sie verwendet werden.

¡A callar!	*Zu schweigen!*	Mund zu!
¡A como dé lugar!	*Zu wie (es) Platz lässt!*	Auf jeden Fall!
a la ahí se va,	*auf „dort-geht-man"(-Art)*	mittelmäßig,
a lo buey,	*auf Ochsen(-Art)*	unbedacht
a lo pendejo,	*auf Schamhaar(-Art)*	
a la viva México	*auf es-lebe-Mexiko(-Art)*	
(Ausländer sollten sich **a la viva México** tunlichst verkneifen!)		
a la mera y sí	*zur Wahrhaftigen und ja*	vielleicht doch
¡A poco!	*zum Wenigen*	Tatsächlich?
A ver ...	*Mal sehen ...*	Lass mal sehen ...
(Einleitung, um etwas in Augenschein zu nehmen)		
¡Ábranla que lleva bala!	*öffne sie, da er/sie/es eine Kugel trägt*	Aus dem Weg!
¡Abusado!	*missbraucht*	Pass auf!
¡Aguas!	*Wässer*	Aufpassen!
Ahí les va ...	*Dort geht (es) euch ...*	Aaaalso ...
(Auftakt für eine längere Geschichte)		

¡Ahí le dejamos!	*Dort lassen wir ihn!*	Ende der Diskussion!
¡Ándale!	*Gehe(-ihn)!*	Los!
¡Ándale pues!	*Gehe(-ihn) dann!*	Alles klar!
(auch Ausdruck des Erstaunens:)		Na sowas!, Alle Wetter!
¡Aquí, nomás mis chicharrones truenan!	*Hier sind nur meine frittierten Schweine- hautstücke knusprig!*	Hier hab' ich das Sagen!
¡Arroz!	*Reis*	Gut gelungen!
¡Barbas tienes!	*Bärte hast du!*	Das glaubst DU!
con lujo de detalle	*mit Luxus des Details*	in allen Einzelheiten
¡Conste!	*Es soll feststehen!*	Abgemacht!
¡Cuernos!	*Hörner*	Das hast du dir so gedacht!
¡Culeeero*!	*Arschbefasster*	Arschloch
(im Chor auch in Fußballstadien)		
¡Dame chance!	*Gib mir Möglichkeit!*	Moment, bitte!; *auch:* Sei mal nicht so ...
¿De cuál fuman ahí?	*Von welcher (Sorte) raucht ihr dort?*	Ertappt!
De perdida, ...	*von Verlorener, ...*	Zumindest ...
¡De plano!	*von eben*	Jau!
¡Eey! (↘↗)		Ja, einverstanden.
¡Échale!	*Wirf (es) ihm!*	Los!
(Erwartung, dass der andere etwas tut oder erzählt)		
¡Échense esto!	*Werft euch dieses!*	Stellt euch vor, ...
¡En la torre!	*In den Turm!*	Das hat gesessen!
¡En mi vida!	*In meinem Leben!*	Noch nie gesehen / gehört *(usw.)*!
¡En su casa lo conocen!	*In seinem/ihrem Haus kennt man ihn/sie!*	Wer auch immer das nun wieder ist!
Es que ...	*ist dass ...*	Also, das ist so ...
(Erklärungseinleitung)		

¡Eso (mero)!	*jenes (wahr)*	Richtig!
¡Estás loco!	*Du bist verrückt!*	Du spinnst!
¡Esto es el colmo!	*Dies ist die Spitze!*	Das ist ja wohl die Höhe!
¡Fúchi(la)!		Igitt!
fuéramos pocos, parió la abuela	*als ob wir wenige gewesen wären, gebar die Großmutter*	(wenn in einen vollen Raum noch mehr Menschenmassen strömen)
¡Guácala!		Igitt!
¡Híjole!, ¡Újule!	*Sohn(-ihn)*	Donnerwetter!
¡Hiiiijole! (↗)	*Sohn(-ihn)*	Verdammt, was mache ich nun?
¡Jaula abierta, pájaro muerto!	*Käfig geöffnet, Vogel tot!*	Dein Kuhstall ist auf!
¡Mangos!	*Mangos!*	Das hast du dir so gedacht!
Me cae que ...	*Es fällt mir dass ...*	Ich bin mir sicher, dass ...
¡Me consta!	*Für mich steht's fest!*	Ich bin mir absolut sicher!
¡Me late!	*(Für) mich schlägt (das Herz)!*	Find' ich gut!
Me late que ...	*Mich schlägt dass ...*	Ich glaube, dass ...
me suena	*(für) mich klingt's*	kommt mir bekannt vor
¡No la amueles!	*Zermahle sie nicht!*	Mach jetzt keinen Scheiß!
¡Ni con chochos!	*Nicht mal mit Konfekt!*	Auf gar keinen Fall!
¡Ni de botana sirve!	*Nicht mal zur Vorspeise taugt er/sie!*	Der ist absolut nutzlos!
¡Ni modo!	*Nicht mal Weise*	Tja, wat soll's!
Ni modo de ...	*Nicht mal Weise von ...*	Man kann ja nicht ...
¡No hay pedo!	*Es gibt keinen Furz!*	Kein Problem!

¡No le hace!	*Es macht ihm nichts!*	Macht nichts!, Egal!
¡No le saque!	*Er soll's ihm nicht herausholen!*	Nur Mut!
¡No se haga!	*Er soll sich nicht machen!*	Stellen Sie sich nicht dumm!
¡No se vale!	*Er hat sich keinen Wert!*	Das gilt nicht!
o algo así	*oder etwas so*	oder so ähnlich
¡Órale!	*jetzt-(gib's-)ihm!*	Los!
... pero nope ...		... aber nein ...
¡Ponte abusado!	*Setz dich missbraucht!*	Achtung!, Pass auf!
¿Qué?		Häääää?
¡Qué barbaridad!	*Was für eine Barbarei!*	Unglaublich, wie kann man nur!
¿Qué de qué?*	*Was von was?*	Willst du Krach?
¡Qué gaaacho! (↘)	*Was gebückt!*	Höchst unerfreulich!
¡Qué jalada!	*Was für eine Gezogene!*	Mann, ist das übertrieben!
¿Qué me ves?	*Was siehst du an mir?*	Hast'n Problem mit mir?
¿Qué pedo?	*Was für'n Furz?*	Was ist denn?
¡Qué peste!	*Was für eine Pest!*	Was für ein Gestank!
¿Que qué?	*Dass was?*	Wie bitte?! Unglaublich!
¡Qué vaciado!	*Was für ein Geleerter!*	Abgefahren!
¿Quieres bronca*?	*Willst du rohe?*	Suchst du Streit?
¡Sácatelas!	*Hol sie dir raus!*	Ich glaub's ja nicht!
¡Salud(cita)!	*Gesundheit(chen)*	Prost!, *a.:* Gesundheit!
¡Sáquese!	*Hol er sich raus!*	Raus!
Será lo que sea ...	*Es wird sein, was es sein soll ...*	Was auch immer ..., Egal, ..
¡Sopas!	*Suppen!*	Ich glaub's ja nicht!
¡Tranquilo, buey!	*Ruhig, Ochse!*	Entspann dich!
¡Vete a freír espárragos!	*Geh Spargel braten!*	Hau ab!

... ¡y kaput!	... und kaputt!	... und das war's dann!
... y toda la cosa.	... und die ganze Sache.	... und überhaupt und sowieso.
¡Ya, chole!		Hör auf zu nerven!
¡Ya estuvo suave!	Schon war es weich!	Das reicht jetzt!
¡Ya la regaste!	Schon bewässertest du sie!	Nun hast du's versaut!
¡Ya no te cuelges!	Häng dich nicht mehr auf!	Bummel nicht!
¡Ya pa'qué!	Schon wofür!	Nun ist's auch egal!

Ein weitere nette Phrase ist **colorín colorado (este cuento se ha acabado),** die man aus den Märchen entliehen hat („... und wenn sie nicht gestorben sind [, dann leben sie noch heute]"), um eine längere Erzählung abzuschließen.

Meine liebe Freundin Maricruz bringt immer folgende Einleitung zu einer Frage:

Tu que todo lo sabes y lo que no, lo inventas ...
Du, der / die alles weiß, und was nicht, das erfindest du ...

... y tiene una novia de quién-sabe-dónde.
... und seine Freundin kommt von was-weiß-ich-woher.

Wenn man es nicht weiß oder es einem völlig schnuppe ist, kann man seine Ausführungen mit quién-sabe-... *oder* no-sé-... *würzen.*

... y me decía que de dónde tenía ese dinero, que no-sé-qué, que no-sé-cuánto ...
... und dann wollte er wissen, woher ich das Geld hätte und was-weiß-ich-nicht noch alles!

... y qué-sé-yo ...
... und was-weiß-ich ...

¡Ay! ist der typische Ausruf, der jede größere Gefühlsregung begleitet, danach kann es sowohl höflich – z. B. **¡Ay, fíjate qué!,** als „klassische" Einleitung zu einem Klatsch – wie auch deftig – **¡Ay, qué pendejo este buey!** „Mann, ist das ein Dämlack" – weitergehen, ist also universell verwendbar.

¡Epa!, auch **¡épale!,** ist wohl verwandt mit „hepp!", wird aber anders verwendet: einerseits wie das französische „voilà", also um etwas zu präsentieren, andererseits als Ausruf bei (vor allem körperlicher) Überraschung. Ein Beispiel: Wenn man unbeabsichtigterweise eine Maus aufschreckt, die dann an einem vorbeirennt, würden viele Mexikanerinnen kreischen und auf den nächsten Stuhl springen. Viele Mexikaner sagen erst **¡épale!** und springen dann auf den Stuhl. Erwartet man allerdings eine „Gefahr" und kann ihr elegant ausweichen, wird das mit einem **ooolé** (↗) kommentiert.

Mucho muy mexicano ist auch ein schrilles, langgezogenes Kreischen, das man vielleicht mit **¡ajuaaa!** oder **¡ajuaaaay!** umschreiben könnte. Dieser Laut, **el grito,** entringt sich jeder Kehle auf einer **fiesta,** wenn um Mitternacht die **mariachis,** die typischen Folkloresänger, auftauchen und traditionell das Stück **la negra** spielen. Wer diesen Laut gut beherrscht, über den sagt man: **ese sí que grita bien** oder **sí grita con dolor.** Aus dem Volksmusikambiente entstammt ebenfalls ein herbes **¡ayayáy!** oder ein schrilles, kurzes **¡juy!.**

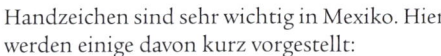

Handzeichen

Handzeichen sind sehr wichtig in Mexiko. Hier werden einige davon kurz vorgestellt:

¡cuernos!
Hörner!
Denkste!

Bei **¡cuernos!** wird die Hand zur „Teufelsgeste" geformt, allerdings so, dass der Gesprächspartner den Handrücken sieht (und nicht etwa die „Hörner" auf ihn deuten).

Die Geste, die **¡mangos!** begleitet: Man knickt alle Finger ein, so dass die dritten Fingerglieder auf den jeweils ersten liegen. Dann dreht man den Arm und bewegt ihn auf den anderen zu, so dass der Handballen am weitesten vom Körper entfernt und der kleine Finger oben ist.

¡mangos!
Mangos!
Denkste!

Wenn sich jemand über die Maßen über seine eigene Misere beschwert, kann es sein, dass der Gesprächspartner unter hohen **iii**-Lauten einen Fiedler nachahmt. Damit ist gemeint, dass man eine filmreife Atmosphäre für eine „wahrhaft traurige Szene" schaffen will, soll also heißen: Nun reiß dich am Riemen!

Enge Verhältnisse in Räumen, auf Feten oder großen Menschenansammlungen beschreibt folgende Geste: Die Hand wird geöffnet, so dass der Handrücken unten ist. Dann führt man alle Finger zusammen und schüttelt das ganze kurz. Diese Geste wird von einem **está / estaba así (de lleno)** (so voll ist / war es) begleitet.

¡estaba así (de lleno)!
Soo voll war's da!

Wenn man die Finger mehrmals schnell zusammenführt – am besten auf Augenhöhe – und das mit **le sacas** oder **ñáñaras** kommentiert, will man ausdrücken, dass das Gegenüber vor etwas Angst hat.

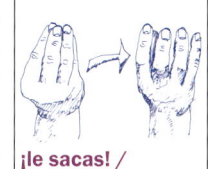

¡le sacas! / ¡ñáñaras!
Feigling!

Ähnlich kompliziert ist die Geste, die „Geld" oder „teuer" ausdrückt: Ballen Sie Ihre Faust und bilden Sie mit Ihrem Daumen und Zeigefinger eine möglichst große, eckige Klammer („[")! Es sieht ein wenig so aus, als hätte man eine übergroße Knarre in der Hand …

Da wir gerade beim Geld sind: „Geizig" wird salopp als **codo** (Ellenbogen) bezeichnet **(es muy codo),** und daher wird als entsprechende Geste auch die flache Hand gegen den angewinkelten und leicht erhobenen Ellenbogen geschlagen – hat also nichts mit „auf etwas spitz sein" zu tun!

¡codo!
Ellenbogen
Geizkragen!

Absolut verboten sind folgende Gesten: Den kleinen Finger hochhalten, denn er bedeutet „deiner ist nur so klein" (wird natürlich nur unter Männern verwendet). Daumen und Zeigefinger zu einem Ring zusammenfügen heißt **culero** (Arschloch).

Selbst ein bestimmter Pfiff, der in Deutschland absolut nichtssagend ist, stellt in Mexiko eine Beleidigung dar:

Wird die Luft deutlich hörbar durch die Zähne eingezogen, ist Gefahr im Verzug. Es kann bedeuten, dass beiden Gesprächspartnern eine unangenehme Situation bewusst ist, oder es kann als Warnung dienen.

¡Chin – ga tu ma – dre, ca – brón*!

mamar & huevo

Mamar bedeutet eigentlich „an der Brust saugen". Dieses verfängliche Wort wird natürlich auch gern und vielfältig verwendet.

Me la mama* (er saugt sie mir) bezieht sich unter Männern darauf, dass der eine dem anderen „den Schwanz lutscht", soll heißen, der andere kann über den einen vollkommen bestimmen. Dementsprechend ist der **mamón** (auch **mamila,** also „Babyflasche") eigentlich ein „Lutscher", wird allerdings für diejenigen verwendet, die sich anstellen, die sich gegen einen Plan stellen, also eine saloppe Version des Spielverderbers.

Höflichere Varianten von mamón *sind* cortado *(geschnitten) oder* aguado *(verwässert). Als Eigenschaftswort verwendet, bezeichnet* mamón *auch muskulöse Männer. Um die Gefahr eines verhängnisvollen Missverständnisses zu bannen, sagt man auch* mamado *oder* cuadrado. Mamada *kann sich hingegen auch auf eine echte „Scheiß-Situation" beziehen.*

¡No seas mamón / mamona!
Sei kein Nuckler / Nucklerin!
Sei doch kein Spielverderber!

Auch die **mamada** hat wieder mit dem Spielverderbertum zu tun; **¡qué mamada!** sagt man z. B., wenn man eine Party plant, aber die Eltern das nicht erlauben, oder wenn ein politisches Täuschungsmanöver so offensichtlich ist, dass es selbst der sprichwörtliche Blinde mit dem Krückstock merkt, und es dennoch durchgezogen wird.

Wie schon erwähnt sind Ausdrücke mit **mamar** nicht sehr salonfähig, und viele sagen **¡no manches!** (mach keine Flecken) statt **¡no mames!,** allen voran die **fresas.**

Auch mit **huevos** (Eiern) lässt sich mehr anstellen als nur Spiegel- oder Rührei:

¡A huevo! *zum Ei*	Auf jeden Fall!
estar de huevos *aus Eiern sein*	toll sein
¡Huevón! *der mit den Eiern*	Fauler Sack!
¡Qué hueva! *Was für ein Laich!*	Keinen Bock!
¡Por mis huevos! *Wegen meinen Eiern!*	Weil ICH das so will!
tener huevos *Eier haben*	Mut haben
tener huevotes *riesige Eier haben*	richtig viel Mut haben

¡No mames! (Nuckel nicht!) ist ein ähnlich blumiger Ausdruck wie cabrón, buey *oder* pendejo. *Es ist ein Ausdruck der Bewunderung und bedeutet je nach Tonfall etwa „Das kann doch wohl nicht wahr sein!", „Nun mach aber mal 'n Punkt!" oder „Ich glaub's ja nicht!"*

Zur Bekräftigung von **tengo una hueva** bzw. **¡qué hueva!** wird mit den Händen angedeutet, als ob man etwas Großes und Voluminöses wiegen würde. Hintergrund ist der: Mit den **huevos** sind natürlich die des Mannes gemeint, und je umfangreicher die Geste, umso größer ist die Faulheit, die einen befallen hat.

echar – was man so alles werfen kann

Offensichtlich wird in Mexiko gern geworfen. Mit **echar** (werfen) gibt es etliche Floskeln für jede Lebenslage.

echar ...	... werfen	
las cabras	*die Ziegen*	jemanden anklagen
un clavado	*einen Genagelten*	einen Köpper machen
mucha crema a sus tacos	*viel Sahne auf seine Tacos*	angeben
una firma	*eine Unterschrift*	pinkeln
un fon(azo)	*einen Telefon(schlag)*	anrufen
gallo	*Hahn*	der Angebeteten ein Ständchen bringen
un gallo	*einen Hahn*	eine Tüte rauchen
la hueva	*den Laich*	faulenzen
perico	*Papagei*	labern, plappern, tratschen
los perros	*die Hunde*	jmd. anflirten / anmachen
pestes	*Gestänke*	schlecht über jemanden reden
un pisto	*einen Fleischsaft*	ein Nickerchen machen
relajo	*Entspannung*	Quatsch machen, herumalbern
un rollo	*eine Walze*	einen langen (nervigen) Monolog halten (dazu gibt es eine nette Geste, als ob man etwas abrollen wollte)
la sal	*das Salz*	Pech anziehen
un volado	*einen Geflogenen*	eine Münze werfen

Bezeichnungen für Sie & Ihn

Zunächst die noch einigermaßen „nett" gemeinten Namen. Auch für die lieben Zeitgenossen gibt es genügend Charakterisierungsmöglichkeiten.

abusado/-a	*missbraucht*	Schlitzohr
águila	*Adler*	Schlitzohr
angelito	*Engelchen*	ironisch für jemanden, der einen Streich ausgeheckt oder einen Fehler gemacht hat

avionado/-a	*Geflogene/r*	jemand, der's nicht rallt
baboso/-a	*Nacktschnecke*	Dummbatz
berrinchudo	*cholerisch*	kleiner Choleriker
la bola, la raza	*die Kugel, die Rasse*	die ganze Mischpoke
buzo	*Taucher*	aufmerksamer Typ
cagón / cagona	*Scheißer*	Glückspilz
cojonudo	*geil*	Kumpel
compadre / comadre		Gevatter / Gevatterin
criada	*Großgezogene*	Hausmädchen
cuate	*Zwilling / Schlange*	guter (bester) Freund
culillo mal asiento	*Ärschchen schlechter Sitz*	Zappelphilipp
changuito cilindrero	*Leierkastenäffchen*	Taugenichts
chavo/-a	*Junge, Mädchen*	Junge / Mädchen
china poblana	*Lockige aus Puebla*	traditionsbewusste Ranchero-Frau
chipocludo/-a	*Chef*	Lokalmatador
gabacho*/-a*	*Franzmann*	Ami, Blondie
güero/-a	*blond*	Blondie
fichita	*Karteikärtchen*	kein unbeschriebenes Blatt
lechón	*Spanferkel*	Glückspilz
loco de remate	*verrückt von Auktion*	vollkommen gaga
mandamás	*befiehlt mehr*	Oberindianer
man(it)o/-a	*Bruder/Schwester*	Kumpel (von **hermano/-a**)
muchacha	*Mädchen*	Hausmädchen
ñoño	*zimperlich*	spießiger, braver Typ
pelón	*kahl*	Glatzkopf
punketo/-a	*„Punker"*	Punk
reina, reinita	*Königin, Königinchen*	vertraute, auch ironische Anrede unter Freundinnen, auch unter Liebenden

Die lockere Sprache des Alltags

seño	„Frau / Fräulein"	wenn man nicht weiß, ob es eine **señorita** oder eine **señora** ist …
tipo suave	*weicher Typ*	cooler Typ, netter Kerl
trucha	*Forelle*	Schlitzohr
valedor/-a	„Wertmacher"	wichtiger Freund, Beschützer, mit dem einem nichts passiert
vato (bato)	„Vater, Alter"	Typ, Kerl *(aktuell sehr gebräuchlich)*
viejo/-a	*alt*	Alte(r); *auch für* Eltern u. Partner
zonzo/-a	*nichtig*	Dummkopf

Die Schreibung bato *ist akademisch korrekt, aber* vato *ist üblicher.* In der folgenden Auflistung werden die schwereren bis sehr schweren Geschütze (mit * markiert) aufgefahren.

aviador*	*Flieger*	fauler Beamter
barrigón	*der mit der Plauze*	Fettsack
bobo	*albern*	Idiot, Dummkopf
bocón	*der mit dem Mund*	Großmaul
botija	*Tonkrug*	Fettsack
cafre*	*Kaffer*	schlechter Autofahrer
cargado/-a	*getragen*	Nutznießer
catrín		elegantes Arschloch, feiner Pinkel
cínico/-a	*zynisch*	Zyniker *(ist schlecht angesehen)*
collón / collona	*Angsthase*	Angsthase
cotorro	*Sittich*	Mauerblümchen, *a.:* Tratschtante
coyote	*Kojote*	Strohmann
chabacano	*Aprikose*	billig, unterste Schublade
chacha	„Mädchen"	Mädchen, *a.:* Hausangestellte (von **muchacha**)
chalán / chalana	*Knecht*	Helfer
cholo/-a		Latino-Version des „Gangsta", vor allem nahe der US-Grenze

chupacabras	*Ziegenmelker*	korrupter Politiker
darketo/-a	*„Dunkler"*	Goth
descarado/-a	*gesichtslos*	schamlose Person
encajoso/-a	*gut passend*	Nutznießer
espantajo	*Schreckgespenst*	Freak
gata*	*Kätzin*	Hausmädchen
grillo	*Grille*	jem., der falsche Behauptungen streut, um Zwietracht zu säen (ein häufiger Ausruf ist **¡Pura grilla!**)
guarro	*Leibwächter*	Kotzbrocken
fodonga	*schlampige*	Schlampe
hablichi	*„Sprecher"*	Plaudertasche
hojaldra	*Blätterteig*	ausweichende bzw. „höfliche" Variante von **ojete**
huelepedos	*Fürzeriecher*	Arschkriecher
imbécil	*schwachsinnig*	Schwachkopf
lameculos, lamenalgas	*Arschlecker, Pobackenlecker*	Arschkriecher
latoso/-a	*aus Dosen*	Nervensäge
lépero/-a	*„leprakrank"*	Kodderschnauze
llorona	*Weinende*	Heulsuse
malcriado	*schlecht Erzogener*	verwöhntes Balg
mamarrano	*Mama-„Schwein"*	Muttersöhnchen
mandilón	*der mit der Schürze*	Pantoffelheld
mocoso	*rotzig*	Rotznase
mocho	*verstümmelt*	übertrieben frommer Mensch
ojete	*Öse*	gemeine Person
perita en dulce	*Birnchen in süß*	hält sich für die Schönste
plancha	*Bügeleisen*	lahme Socke
racalín	*Streithahn*	Streithahn
rajón / rajona	*Reißer*	falsche Schlange
rancherita	*Gutsfrauchen*	schüchterne Frau

ruco/-a	tattrig	Tattergreis (alt wirkende Person oder eigene Eltern)
sangrón / sangrona	der mit dem Blut	unhöfliche, blöde Person
tilico/-a	knochig	Klappergestell
torta de lana	Brötchen aus Wolle	reiche Tussi
verijona*	die mit der großen Scham	Fotze

Viele dieser mitunter deftigeren Begriffe kann man mit entsprechendem Tonfall und der Verwendung von **-ito** bzw. **-ita** abschwächen. Da klingen sie eher niedlich, z. B. **viejito, latosito** oder **barrigoncito; gordito** (Dickerchen) wird allerdings häufiger verwendet.

Aquí fue donde la puerca torció el rabo. („Hier hat die Sau den Schwanz eingeringelt") *Ab hier gab's Probleme.*

klasse & beschissen

Eigentlich reicht das Set aus **chingar, madre, pinche, pendejo** und Konsorten aus, um Supertolles, aber auch vollkommen Verkorkstes auszudrücken. Hier dennoch ein paar andere Phrasen. Das Folgende ist durchweg positiv gemeint.

Está ...

cool	kühl
chévere	prima
(re)chido	(zurück-)strotzend
de cajeta	von Milchcreme
muy machín	sehr Männchen
pa'l perro	für den Hund
poderoso	mächtig
rayado	geritzt
suave	weich

Ob Sie das nun als „toll", „geil", „super" oder „cool" übersetzen, bleibt Ihnen überlassen.

Vaciado *(geleert)* heißt so viel wie „witzig" oder „abgefahren", und unter Freundinnen bedeutet **cagadita** in etwa „sympathisch", obwohl das von **cagar** *(scheißen)* kommt.

Und hier etwas Negatives ohne das oben genannte Set von „alten Bekannten":

bien culero	*gut Arschbefasster*
de la verga	*vom Pferdepimmel*
del cocol	*vom Cocol (Art Gebäck)*
jediondo	*„stinkend"*

Oft wird Ihnen das Wort chafa *über den Weg laufen. Es bedeutet im weitesten Sinne so viel wie „schlecht gemacht".*

Zwischenmenschliches

● Floskeln mit dem Verb **dar**

dar el grito	unabhängig
den Schrei geben	werden *(z. B. von den Eltern)*
dar lata	nerven
Dose geben	
dar una sopa de su propio chocolate	jemandem etwas mit gleicher Münze heimzahlen
(jem.) eine Suppe der eigenen Schokolade geben	
darle atole con el dedo	jem. hereinlegen
ihm/ihr Maisgetränk mit dem Finger geben	
darle el avión	jem. ignorieren
ihm/ihr das Flugzeug geben	
darle plancha	jem. versetzen
ihm/ihr Bügeleisen geben	
darse paquete / taco	angeben
sich ein Paket / einen Taco geben	

🍰 De tal jarro, tal tepalcate.
*(„Aus so einem Krug so eine Scherbe")
Der Apfel fällt nicht weit vom Stamm.*

Diese Listen helfen, sich in dem Wirrwarr von Floskeln mit den Allerweltsverben **dar, hacer, ir, poner** und **hacer** zurechtzufinden.

● Floskeln mit dem Verb **hacer**

Wenn Sie diese Ausdrücke verwenden, denken Sie an die richtigen Fürwörter, z. B. me hago bolas (hacerse bolas) *oder* te pones tu moño (ponerse su moño)!

hacer corajes	sich ärgern
Mut (Mz) machen	
hacer changuitos	die Daumen
Äffchen (Mz) machen	drücken
hacer mosca	jem. ablenken
Fliege machen	
hacer que la virgen	angeben
le hable *machen, dass die Jungfrau ihn anspricht*	
hacer un Pancho	öffentlich
ein „Fränzchen" machen	ausrasten
hacer un tango	übertreiben
einen Tango machen	
hacerla de pedo	die Dinge
sie aus Furz machen	verkomplizieren
hacerle al cuento	lügen, flunkern
(etw.) ihm/ihr zur Erzählung machen	
hacerle la lucha	sich bemühen
ihm den Kampf machen	
hacerle los mandados	von jem. komplett
ihm die Befehle machen	abhängig sein
hacerse bolas	verwirrt sein
sich (zu) Kugeln machen	
hacerse guaje / pato	sich dumm stellen
sich (zur) Kalebasse / Ente machen	
hacerse rosca	ein Versprechen
sich (zum) Kranz machen	nicht einhalten

● Floskeln mit dem Verb **ir**

irle a algo	Fan von etwas sein
für ihn/sie zu etwas gehen	
irse de pinta	schwänzen
gemalt weggehen	
írsele el avión	nicht aufpassen
ihm das Flugzeug weggehen	
írsele los pies	sich irren
ihm die Füße weggehen	

● Floskeln mit dem Verb **poner**

ponerse agujeta	aufpassen
zum Schnürsenkel werden	
ponerse color de hormiga	wirklich schwierig werden
ameisenfarbig werden	
ponerse su moño	eingeschnappt sein,
sich seine Schleife aufsetzen	schmollen

● Floskeln mit dem Verb **tener**

tener atole / horchata en las venas	kaltblütig sein
Maistrunk / Reistrunk in den Venen haben	
tener callo	Experte für etwas sein
Hornhaut haben	
tener chispa	clever, charismatisch sein
einen Funken haben	

tener la chiva amarrada	seine Schäfchen im
die Ziege angebunden haben	Trocknen haben
tener vara alta	Einfluss haben
hohen Stab haben	

● Weitere Floskeln

agarrarse del chongo	Zickenterror
sich beim Schopf packen	veranstalten
ajonjolí de todos los moles	sich überall einmischen
Sesam von allen Chilisaucen	
atinarle a su mero mole	genau auf seiner Linie sein
ihm in seiner wahren Chilisauce treffen	
bajarle la espuma a su chocolate	jem. auf den Boden der Tatsachen zurückholen
ihm den Schaum auf seiner Schokolade senken	
botársele a alguien la canica	durchdrehen
zu jemand (sich ihm) die Murmel springen	
caer de la pedrada	auf den Sack gehen
vom Steinwurf fallen	
caer gordo	jemanden nicht abkönnen
dick fallen	
caerle el veinte a alguien	der Groschen fällt (bei jem.)
ihm fällt die 20-Centavo-Münze	
colgar los tenis	abnibbeln, sterben
die Turnschuhe aufhängen	

¡Bájale la espuma a tu chocolate!
Bleib mal auf dem Teppich!

Le hice bajar la espuma a su chocolate.
Den hab' ich auf den Boden der Tatsachen zurückgeholt!

comer gallo	sauer sein
Hahn essen	
como agua para chocolate	stocksauer (*a.*: rasend vor Leidenschaft)
wie Wasser für Schokolade	
como enajenado	wie nichts Gutes
wie wahnsinnig	
como verdolaga	stolz
wie Gemüse	
de hueso colorado	eingefleischter Kenner
aus buntem Knochen	
dejarlo a alguien como santo Cristo	jemanden vollkommen fertig machen
jmd. wie den heiligen Christus zurücklassen	
dejarlo a alguien con el ojo cuadrado	jem. erstaunen
jmd. mit viereckigen Augen zurücklassen	
dejarlo colgado a alguien	jemanden hängen lassen
estar harto	es leid sein
übersättigt sein	
estar pelón	schwierig sein
kahl sein	
hasta el gorro	bis Oberkante-Unterlippe
bis zur Mütze	
jalársela	lügen
sie sich (heran-)ziehen	
jetear	schlafen
„schnauzen"	
mandar a la goma	jemanden loswerden
zum Gummi schicken	

Einer der berühmtesten Romane von Laura Esquivel heißt ebenfalls Como agua para chocolate, *ein „Roman in monatlichen Ausgaben mit Rezepten, Liebesgeschichten und Hausmitteln" (Originaluntertitel), der in der Zeit der mexikanischen Revolution spielt. Das Rezept für die Wachteln mit Rosenblättern ist sehr zu empfehlen!*

De todos modos, Juan te llamas. *(„Auf jeden Fall heißt du Juan")* Trag nicht so dick auf!

nadar de muertito	sich dumm stellen
wie ein Toter schwimmen	und abwarten
no cantar mal las	auch nicht
rancheras	schlecht sein
nicht schlecht die Ranchero-Lieder singen	
parir chayotes	sich abmühen
Chayoten gebären	
quedarse con el ojo	erstaunt sein
cuadrado	
mit viereckigen Augen zurückbleiben	
quedarse cuajado	faul herumliegen
geronnen zurückbleiben	
rajarse	schlapp machen,
sich knacken	Rückzieher machen
rifársela	ein Risiko
sie sich losen-	eingehen
sacar boleto	sich einen Feind
Ticket herausholen	machen
sacar de quicio	in Rage bringen
aus der Türangel heben	
sacar el buey de la	für andere die
barranca	Kohlen aus dem
den Ochsen aus der	Feuer holen
Schlucht holen	
tomarle el pelo a alguien	jem. verschaukeln
jemandem das Haar nehmen	
traer asoleado a alguien	jemanden auf dem
jem. sonnig bringen	Kieker haben
traerla con alguien	sich mit jmd. in
sie mit jemandem bringen	den Haaren liegen
tragar camote	vor Schrecken
Süßkartoffel schlucken	gelähmt sein

Chayoten sind ein stacheliges Gemüse.

¿Con qué chiflas, desmolado, si de herramienta careces? („Womit pfeifst du, Zahnloser, wenn dir das Werkzeug dazu fehlt?") Und wie soll das funktionieren?

tronarle el cohete en la mano	überrascht werden
einem die Rakete in der Hand losgehen	
vacilar *schwanken*	Spaß haben
vacilar a alguien	jem. vergackeiern
zu jemandem schwanken	
volverse ojo de hormiga	verschwinden,
zum Ameisenauge werden	sich verstecken

Mit einem Smartphone können Sie sich die Wörter, Sätze und Redewendungen des folgenden Kapitels anhören.

Nägel, Wolle, Licht – der schnöde Mammon

In Deutschland gibt es Kohle, Kröten, Mäuse, Asche, Kies, Schotter und noch so allerlei. In Mexiko ist das natürlich ganz anders:

🛍 Pagar en tres plazos: tarde, mal, nunca.
In drei Raten bezahlen: spät, schlecht, niemals.

billete	Schein
capital	Kapital
clavo	Nagel
feria	Messe
lana	Wolle
luz	Licht
plata	Silber
varo	Stab

Die nacos haben ihre eigenen Bezeichnungen für Geldbeträge.

Peso	naco-Ausdruck
2	**dobis, donas** (*Doughnuts*)
3	**trenzas** (*Zöpfe*)
5	**manita** (*Händchen*)
10	**diente** (*Zahn*), **Diego**
20	**ventilador, Benito, bendición** (*Segnung*), **bigote** (*Schnurrbart*)
25	**peseta**
50	**tostón, toleco, tostada, quintillo**
100	**ciego** (*Blinder*), **centenar** (*Jahrhundert*), **siento** (*ich fühle*), **cerilla** (*Streichholz*), **kilo**
1000	**milanesa** (*Schnitzel*), **milpa** (*Feld*), **milagro** (*Wunder*), **melón** (*Melone*), **tona**

🛎 Hasta el santo deconfía cuando la limosna es grande. „Selbst der Heilige misstraut einem großen Almosen" Was führst du im Schilde?

Wenn Sie Pech haben und zur falschen Zeit am falschen Ort sind, kann der Spruch ¡Cáete con la lana! *auch von einem finsteren Typen mit vorgehaltener Knarre vorgebracht werden und bedeutet so viel wie „Los, her mit der Kohle!", und dieser Gentleman würde wahrscheinlich auch eher* cabrón *anstelle von* buey *sagen …*

¿Tienes lana que me prestes, buey?
Kannst du mir etwas Geld leihen?

Estoy en la quinta.
Ich bin abgebrannt (*wörtl.: in der fünften [Woche, für die mein Gehalt reichen sollte]*).

A ver, buey, ¡cáete con la lana!
Also los, bezahl schon! (*beim Bezahlen*)

¡Fue toda una ganga!
Das war ein Super-Schnäppchen!

Übers Einkaufen gibt es nicht viel anderes zu erzählen, was man nicht auch in Deutschland erleben würde: große Nobelläden (**almacenes**

Nägel, Wolle, Licht – der schnöde Mammon

de prestigio), kleine Läden (tienditas) und Tante-Emma-Läden (abarrotes, changarros).

Ungewohnt ist vielleicht, dass an den Kassen Jungs (cerillos, muchachos) stehen, die die Ware einpacken und bis zum Auto bringen. Geben Sie dann Trinkgeld geben, denn das sind meist ihre einzigen Einkünfte! Anders ist dies zwar beim Polizisten (policía, oficial, poli), der Sie auf dem Parkplatz aus der Parklücke winkt, dennoch erwartet auch er ein Trinkgeld (propina, „pa'l refresco").

Interessant ist es auch auf dem Wochenmarkt (tianguis). An den Eingängen wird Ihnen immer wieder zugerufen:

¿Quiere que le cuide su coche?
Soll ich auf Ihren Wagen aufpassen?

¿Quiere que le lave su coche?
Soll ich Ihren Wagen waschen?

¿Quiere que le cargue sus cosas?
Darf ich Ihnen Ihren Einkauf tragen?

(Handeln Sie besser vorher einen Preis aus, dann gibt es nachher keine Probleme!)

¡Pásele!
Treten Sie näher!

¿Qué se va a llevar, marchanta / marchante?
Was darf's denn sein, die Dame / der Herr?

Meist winken diese hilfsbereiten – aber zu bezahlenden – kleinen Geister Sie auch aus Ihrer Parklücke. Bei ¡viene-viene! (kommt-kommt) hat man noch Platz, bei ¡quebrándose-quebrándose! (sich-brechend-sich-brechend) wird es ziemlich eng, und ¡ya! (schon) heißt „freie Fahrt".

Más vale Tianguis-tengo que Tianguistuve. „Besser in Tianguis-tengo ['Markt-habe-ich'] als in Tianguis-tuve ['Markt-hatte-ich']"; Wortspiel mit dem Ortsnamen Tianguistenco („am Rande des Marktes") = Man sollte nichts hinterherweinen.

	al chas chas	in bar, cash
(gewetzt)	amolado	abgebrannt
(Muschelfrau)	conchera	Ladendiebin
(von Stößel)	de pilón	als Dreingabe *(sehr beliebt!)*
(Hexe sein)	estar bruja	abgebrannt sein
	fayuca	Schmuggelware
	fayuquero	Schmuggelwarenhändler
(erschossen)	fusilado	Raubkopie, raubkopiert
	hacer cooperacha	zusammenschmeißen (Geld für etwas)
(Drogen machen / werfen)	hacer / echar drogas	sich verschulden
(Plunder)	morralla	Münzgeld

Hablando se entiende la gente – Telefonieren

Mit dem ermunternden Spruch **Hablando se entiende la gente** („beim Reden verstehen sich die Leute") hat die mexikanische Telefongesellschaft ganze Werbekampagnen gestartet. Ob Festanschluss, Handy **(celular)** oder **teléfono público** – man redet gern und viel am Telefon **(mecatear).** Das kann zum Quatschen **(cotorrear)** oder Tratschen **(chismear, echar chismes)** führen, auf jeden Fall zu viel **güiri güiri** (nett für „Gelaber"). Beim Abnehmen des Hörers hört man ein lapidares **¿bueno?,** das jedes Mal eine eigentlich unnötige Fragenkaskade à la **¿Adónde hablo?** (Mit wem spreche ich?) bzw. **¿Con quién desea hablar?** (Mit wem möchten Sie sprechen?) nach sich zieht.

Cotorrear kann auch „jemanden verkohlen, verarschen" bedeuten. Vgl. Vamos a cotorrear un ratito *(Wir werden ein wenig quatschen) und* Vamos a cotorrearlo un ratito *(Wir werden ihn ein wenig auf den Arm nehmen).*

El sargento Omar – Polizei

Als Autofahrer ist im Umgang mit Verkehrspolizisten etwas Fingerspitzengefühl gefragt, dazu gehört auch eine respektvolle Anrede **(oficial).** Auf die Nennung der Slangausdrücke für Polizisten verzichte ich hier ganz bewusst, um Ihnen keine Flausen in den Kopf zu setzen. Meist ergibt sich ein Kontakt dann, wenn man aus dem Verkehr gewunken wird.

Mit einem Smartphone können Sie sich die Wörter, Sätze und Redewendungen dieses Kapitels anhören.

Dabei ist die Sachlage klar: Der Polizist braucht Geld, zum einen für seine Familie (oder Familien, auch das kommt vor), zum anderen für seinen Vorgesetzten, denn über Geld (die so genannte **mordida**) wird die Beförderung geregelt. Das gilt aber auch für den Vorgesetzten des Polizisten, und für dessen Vorgesetzten …

Wie dem auch sei, er hat Sie erwählt, und nun geht ein kleines Theaterspiel los. Die Gründe, die er anführt, mögen stimmen, mögen aber auch vollkommen fadenscheinig sein. Auf jeden Fall heißt es dann irgendwann, der Wagen müsse auf den Polizeihof **(al corral)** gebracht werden, bis die Sachlage geklärt ist. Das wiederum geht nun gar nicht, denn sollten Sie Ihren Wagen in die „Obhut" der Polizei geben, glauben Sie mir, Sie werden ihn danach im wahrsten Sinne des Wortes nicht mehr wiedererkennen, und ich rede hier nicht vom fehlenden Autoradio, sondern von ausgetauschten Reifen und dergleichen.

Natürlich gibt es auch ehrbare Polizisten in Mexikos Straßen (will mir ja keine Klage der Secretaría de Tránsito *einhandeln!).*

Wer viel Geld im monedero *hat und es in Mexiko so wie in Deutschland üblich in der Gesäßtasche umherträgt, gehört sowieso geschlagen. Wenn es sich nicht verhindern lässt, größere Mengen Geld in den Socken und / oder Unterwäsche tragen und den* monedero *vorne in der Hose, und die Hand in die entsprechende Tasche stecken!*

Dieses Argument sollte Sie nun dringend dazu veranlassen, subtil nachzufragen, ob sich das nicht anders regeln ließe **(arreglarlo de otra manera).** Schließlich heißt es: **Sin aceite no anda la máquina.** (Ohne Öl läuft die Maschine nicht.) Seien Sie kreativ: Sie brauchen den Wagen unbedingt, um morgen Ihre Freundin / Ihren Freund abzuholen **(recoger mi novia / novio),** müssen die Oma Ihrer Gastfamilie zum Arzt fahren **(llevar la abuelita de mis amigos con el médico)** oder was-weiß-ich **(qué-sé-yo).** Dann wird sicherlich eine Summe genannt, die man ggf. etwas herunterhandeln kann, denn „mehr habe man nicht" **(no tengo más por el momento)** – das Argument ist natürlich dann ausgereizt, wenn beim Bezahlen die Scheine aus dem Portemonnaie **(monedero)** purzeln.

Ist dann die „Spende" **(donación)** getätigt, sollte man sich absichern, damit man nicht von der nächstbesten Streife angehalten wird:

Oiga, oficial, pues ya me dejó pelón / sin nada, y ¿si me para otra patrulla?
Tja, nun bin vollkommen abgebrannt. Und was ist, wenn mich noch eine Streife anhält?

Überwiegend werden Sie es mit ganz normalen Polizisten **(policías federales)** zu tun haben. Brenzlig soll es mit den **policías judiciales (judas*)** werden, weil die sich vor allem mit Drogendelikten beschäftigen und wohl auch eine Spur härter vorgehen. Ob **federales** oder **judiciales,** sollten Sie irgendwie in den Knast kommen (**pa'l tambo** oder **pa'l bote**), dann rufen Sie in der deutschen Botschaft an, das soll das sicherste sein.

In der Regel wird Ihnen der Polizist irgendein internes Codewort geben, wie „Dígale que ya hizo parada del 511 con el Sargento Omar" („Sagen Sie ihm einfach, Sie hätten schon einen 511er-Stopp mit Wachtmeister Omar gemacht"), oder so ähnlich.

Die tausend Gesichter des Mais – Essen

Mais **(maíz)** stellt mit Bohnen **(frijoles),** Zucchini **(calabacitas)** und Chili **(chile)** seit jeher die landwirtschaftliche Grundlage Mexikos dar. Die heutige mexikanische Küche ist eine ungeheuer vielfältige Mischung aus anahuakischen und europäischen Elementen und hat viel mehr zu bieten als nur „Schilli kon kaarne" oder Tequila. Gut, wenn man sich da etwas auskennt, denn es rentiert sich doppelt: Zum einen ernten Sie Anerkennung

¡Ora es, chile verde, cuando has de darle sabor al caldo! („Nun ist der Moment da, grüner Chili, dass du der Brühe Geschmack verleihen sollst!") Jetzt gehts's los!

Ehrlich gesagt halte ich chile con carne *für eine Erfindung der Tex-Mex-Küche (also das, was die* gringos *für „Mexican food" halten), für eine süßliche Kopie der sonst sehr würzigen* frijoles charros.

A la hora de freír frijoles, manteca es lo que hace falta. *(„Wenn man Bohnen braten will, braucht es dafür Schmalz") Steh zu deinem Wort!*

Am besten (und urigsten) ist es im Freien; stehen Sie leicht breitbeinig, möglichst mit dem Rücken zum Wind und sichern Sie pendelnde Modeaccessoires wie Schlips oder Halstuch durch Feststopfen an der Kleidung.

bei den Mexikanern, und andererseits bewahren Sie Ihren Magen vor der einen oder anderen unliebsamen Überraschung.

Zentrales Element ist der ursprünglich mit Kalkwasser **(nejayote)** versetzte und mit kochendem Wasser übergossene Mais **(nixtamal).** Mittlerweile gibt es entsprechendes Mehl **(harina minsa).** Mit Wasser und etwas Salz wird ein Teig hergestellt **(masa),** und zu Kugeln **(textales)** gerollt, die flachgedrückt **(tortear)** und äußerst vielfältig verwendet werden können. Viele der Gerichte sind Hauptgerichte, aber viele kann man auch als kleine Vorspeisen **(antojitos)** im Zuge einer so genannten **taquisa** genießen:

comal	*Ofen*	traditionelle Herdplatte
estilo suizo	*Schweizer Stil*	mit Käse überbacken
taquear		Tacos essen
taquero		Taco-Koch
taquisa		Taco-Essen im Freundeskreis
taxcal, canastita		Tortillakorb
tlaxcales		Tortillas

Tacos werden von unten mit Daumen und kleinem Finger, oben durch den Rest der Finger gehalten und in einem 45°-Winkel zum Mund geführt. Dabei kann Flüssigkeit abtropfen, seien Sie also beherzt beim Zubiss und saugen Sie ggf. etwas von den Säften auf.

Wer seinen **taco** so gut füllt, dass er nicht mehr zusammenrollbar ist, gilt als verfressen **(glotón).**

Bei breiteren Teilen, wie **memelas** oder **sopes,** packt man am besten die Seiten mit Daumen und Zeigefinger, hält den Plastikteller unter das Ganze und führt es dann im 45°-Winkel zum Mund.

Übrigens: Die bunten Papiere, die unter den **tacos** usw. liegen, dienen dem **taquero** oft zur Orientierung über die Kosten.

Wer entweder ganz mutig ist, vertrauenswürdige Freunde oder einen stabilen Magen hat und schon lange genug im Land ist, der kann sich an die **puestos de comida** wagen, die Garküchen am Straßenrand. Die Auswahl erfolgt über die Empfehlung durch Freunde oder fällt auf den **puesto,** wo am meisten Leute stehen.

¿De qué le sirvo su taco, jovenazo / señorita?
Was darf's denn sein, junge/r Mann / Dame?

Pueees (→) ... ¡déme uno al pastor y una memela de carnitas, por favor!
Hmmm ... geben Sie mir einmal Hirtentacos und eine Memela mit Fleisch, bitte!

Schützen Sie Ihre Kleidung, denn Kleckerflecken werden schief belächelt.

🍽 Como el chile piquín: chiquito, pero picoso. (*„Wie Piquín-Chili: Klein, aber scharf")*
Klein, aber oho!

Der jovenazo *ist hier ähnlich wie* cuerazo *zu sehen und soll auf kumpelhafte Art das Bild eines strahlenden, kräftigen Mannes vermitteln (*llevarse de a cuartos *„sich übertrieben kumpelhaft geben"). Gegenüber einer Frau ist der* taquero *allerdings distanziert-höflich.*

Je nach Teigform und Weiterverarbeitung erhält das Ganze einen anderen Namen:

- Klumpen: **tamal**
  in Mais- / Bananenblättern gedämpft: **tamal**
  → Füllung süß **(tamales dulces)** oder herzhaft
- flache Fladen: **tortilla**
  ausgebacken: **tostada**
  → belegt mit **frijoles refritos, carne deshebrada,** Salat, Salsa und **jocoque**
  zerschnitten und ausgebacken: **totop(it)os**
  → „Taco-Chips"; in Chilisauce mit / ohne Fleisch: **chilaquiles**
  belegt und aufgerollt: **taco**
  → mit Käse belegt, zusammengeklappt und erhitzt: **quesadilla**
  → mit Kochschinken, Chili und Avocado: **burrito, sincronizada**
  belegt, aufgerollt, in Chili-Sauce überbacken: **enchilada**
  → mit Tomatensauce: **entomatada**
  → mit Bohnensauce: **enfrijolada**
  belegt, aufgerollt, ausgebacken, in Sauce überbacken: **flauta**
  → Varianten aus Yucatán: **cots'itos, papats'ules**
- dicke Fladen: **gord(it)a**
  gefüllt: **tlacoyo**
  → gefüllt und in Schmalz gebraten: **sope**
  belegt: **garnacha** (Fladen mit nach oben gewölbtem Rand)
  → **memela** (großer, ovaler Fladen)
  → **pellizcada** (Teig wird oben „gekniffen", damit die Auflage besser hält)
- in Wasser aufgelöst: **atole**
  gesüßt und gekocht: **atole de ...**
  → **fresa, vainilla, champurrado** (mit **piloncillo**), **arroz con leche**

Carne deshebrada ist gekochtes und zerfasertes Fleisch, **piloncillo** ist Rohzucker, **frijoles re-**

fritos ist Bohnenbrei, **jocoque** ist eine Art saure Sahne, **barbacoa** ist im Erdofen gegartes Fleisch, **chicharrón** ist frittierte Schweineschwarte, und **romeritos** ist ein Gemüse, das so aussieht wie frischer Rosmarin, aber vollkommen anders schmeckt!

Nicht jedermanns Sache sind einige der folgenden hübsch klingenden Tacos ...

Barbacoa von zweifelhafter Herkunft und Qualität wird augenzwinkernd auch als guauguaucoa (von „wauwau“...) bezeichnet ...

nejas	graue Tortillas
panucho	Bohnen, Zwiebeln, Hai oder **cochinita pibil** (yukatek. **barbacoa**)
taco al pastor	mariniertes Fleisch und Ananas vom Drehspieß, Zwiebeln, Koriandergrün und Salsa
taco compuesto	ohne Chili
taco de buche	Magen
taco de chainfiga	Herz und Leber
taco de maciza	schieres Fleisch, meist **barbacoa**
taco de nana	Gebärmutter
taco de nenepil	Magen und Gebärmutter
taco de ojo	Augen
taco de pajarilla	Bauchspeicheldrüse
taco de pito	rote Blüten des Korallenbaums (in Chiapas)
taco placero	(von **plaza**, nicht von **placer!**), **barbacoa, chicharrón, salsa** und **romeritos**
taco sudado	**taco de canasta** (**tacos** zum Mitnehmen)

Superleckere Highlights der **puestos** sind die **licuados** (Milchmixgetränke) und die **tortas,** reich belegte Brötchen. Dazu wird das Brötchen aufgeschnitten und ausgehöhlt – der Volksmund argumentiert, das Brötcheninnere mache dick **(engorda).** So eine **torta** wird

Der taco de pito enthält also, angesichts dieser Liste schon fast überraschenderweise, keinen Penis (vgl. S. 115). Das ist wieder doble sentido.

Mit comida corrida ist ein komplettes Menü zum Mitnehmen gemeint.

Wer wirklich großen Hunger hat, dem sei die torta cubana empfohlen, in der ist nämlich alles!

Typische aguas frescas sind agua de Jamaica (aus Hibiscusblüten), agua de tuna (aus Kaktusfeigen) und horchata (aus Reis, Zimt, Milch und Wasser, leicht gezuckert). Über mexikanische Küche ließe sich noch lange fachsimpeln. Hier ist der Leser gefordert, selbst auf Erkundungstour zu gehen und Mexiko kulinarisch zu entdecken, eine Reise, die sich wirklich lohnt!

erst einmal mit **jocoque** und Bohnenbrei **(frijoles refritos)** bestrichen, dazu gibt es Eisbergsalat, eine **raja de aguacate** und eine **raja de chile** (Avocado- und Chilischnitzel). Die Füllung als solche wird stets auf dem **comal** (Erdofen) frisch zubereitet: Würstchen **(salchicha),** hauchdünne, panierte Schnitzel **(milanesa),** scharfe Paprikawurst **(chorizo),** mit oder ohne Rührei, mit oder ohne Käse (**queso** oder **quesillo**). Dann wird die Füllung zwischen die Hälften gelegt, das Brötchen kurz angeröstet, in Servietten geschlagen, in zwei Hälften geschnitten und serviert.

Als Getränke werden entweder **licuados** (probieren Sie **licuado de alfalfa,** der ist mit frischen Luzernen gemacht!), Wasser-Saft-Gemische **(aguas frescas)** oder Softdrinks (**refrescos,** salopp auch **chescos**) angeboten.

Disculpe, esto, ¿qué es?
Entschuldigung, was ist das?

Y ... ¿ qué trae?
Und ... was ist drin?

¡Llégale!
Zugreifen!

¿Con qué se come?
Mit was wird das gegessen?

**Traigo una hambre que parecen dos. /
Traigo un filo que parecen dos.**
Ich bringe einen Hunger mit, der wie zwei aussieht!
Ich bringe einen Schneid mit, der wie zwei aussieht!
Ich habe einen Bärenhunger.

Magenverstimmung & Co.

acidez del estómago, agruras	Sodbrennen
chorillo, andar con el cutis flojo*	Flotter Otto, Dünnpfiff
andar con mal tapón*	verstopft sein
ciguatera	Lebensmittel-vergiftung durch Fisch
darle alguien un aire	erkranken
enchilada	den Mund am **chile** verbrannt (**agua de limón** oder **jocoque** helfen!)
intoxicación	Vergiftung
mal de barriga	Magenverstimmung
mugir* *(muhen)*	kotzen
olote calentado	ein warmgemachter Maisgriffel, gilt als (rektales) Durchfall-medikament ...
tener animalitos (en la tripa)	Würmer haben

Die ciguatera *bekommt man nicht durch im eigentlichen Sinne verdorbenen Fisch, sondern durch frischen Fisch, der sich aber von durch bestimmte Ein-zeller verdorbener Nahrung ernährt hat, ohne selbst krank zu werden.*

Besondere Lecker-bissen der mexikani-schen Küche, vor denen auch so mancher Einheimi-scher zurückschreckt, sind Insekten. Sie sind reich an Eiweiß und darüber hinaus sehr lecker. Probieren Sie ruhig einmal chapulines *(Gras-hüpfer),* escamole *(Ameisenpuppen, der „aztekische Kaviar"),* ahuautle *(Eier einer Wasserfliegenart) oder* jumiles *(Baum-wanzen) ... – es lohnt sich!*

La parranda – Fete & Party

Para todo mal, mezcal; para todo bien, también.
Für alles Schlechte gibt's Mezcal, für alles Gute auch.

Mexikaner feiern gern. Okay, das ist nichts Neues. Der Anlass kann hochoffiziell, von der Taufe **(bautizo)** über den 15. Geburtstag der Tochter **(fiesta de quince años,** wo alle Kinder und Jugendlichen krampfhaft vorher Walzer üben, damit sie ihn für die Party beherrschen) bis hin zur Hochzeit **(boda)** sein, oder einfach ein Geburtstag **(cumpleaños)** mit oder ohne Besäufnis **(peda).** Aufgepasst mit dem Begriff **fiesta de traje!** Das kann eine Feier im Anzug sein, oder aber eine Fete, zu der jeder etwas beisteuert **(yo traje esto, él trajo lo otro ...).**

Wenn Sie die ewigen Cuba libres (die Riesen-Rumflaschen heißen im Volksmund übrigens patas de elefante) und Bier aus kiwuas und caguamas ("Lederschildkröten", also diese supergroßen Buddeln) satt haben, probieren Sie doch pulque oder tepache, vergorenen und damit leicht alkoholischen Agaven- (aguamiel) bzw. Ananassaft.

Fürs leibliche Wohl ist gesorgt: **taquisa, antojitos, barbacoa** (Gegrilltes oder Fleisch aus dem Erdofen) oder – **de perdida** (auf jeden Fall) – **papitas** (Chips) und **refrescos** (Softdrinks). Und was Alkoholika betrifft ... nun, **de lo bueno, poco** (vom Guten wenig), wie es in der Werbung hieß.

Pulque empfehle ich als **curado,** also mit pürierten Früchten gemischt (göttlich: **pulque curado con guayaba**), zu trinken; solo dreht es so manchen europäischen Magen um. **Pulque** wird auch **baba** (Schleim) oder **agua de las verdes matas** genannt, "Wasser des grünen Gebüschs". Ein Sprichwort sagt: **Agua de las verdes matas, tú me tumbas, tú me matas, tú me haces andar a gatas.** (Wasser des grünen Gebüschs, du fällst mich, du tötest mich, du lässt mich auf allen vieren kriechen.)

Trinken Sie nur so viel, dass Sie sich stets im Griff haben.

agarrar un cuete	sich betrinken
atascarse	(sich voll)fressen
atasque	Fresserei
alipuz	Fusel
amarchantarse	Stammgast sein
ampolleta *(Ampulle)*	kleine Bierflasche
anafre	Grill
bolo	betrunken (in Chiapas)
borrachera, peda	Besäufnis
borracho	besoffen, Säufer
caballito *(Pferdchen)*	Schnapsglas
cruda *(rohe)*	Kater
chelas, frías, muertas	Flaschenbier
chupar *(saugen)*	saufen
dispararle algo a alguien	jemanden zu etwas einladen
¡Échate otra!	Komm, noch einen!
empedarse *(sich einfurzen)*	sich besaufen
¡Hasta ver a Dios!	Ex und hopp!
ir de reventón	auf die Piste, auf Tour gehen
jalón *(Zug)*	in einem Zug
llenarse la buchaca	sich vollfressen
n.r.d.a. = *Abk. f.* **nos reservamos derecho de admisión**	Zutrittsverweigerung vorbehalten (nicht jeder kommt rein!)
pagar a la gringa	jeder zahlt seins
pedo *(Furz)*	besoffen
pedote *(Riesenfurz)*	sturzbesoffen
puente *(Brücke)*	langes Wochenende
rey puerco *(Schweinekönig)*	Säufer in der Öffentlichkeit
reventón	Fete, Party
tener garganta de mariachi	trinkfest sein
teporocho	ärmlicher Alkoholiker, der Tee mit Alkohol trinkt
vacilón	Fete mit Tanz

Hat man für die Fete etwas mehr Geld ausgegeben, gibt es auch Live-Animation. Beliebt bei Kindergeburtstagen sind eine Mischung aus Clown und Magier (payasito) und das Schlagen der piñata, jener mit Süßigkeiten gefüllten Pappmaché-Puppe in den grellsten Farben, die mit verbundenen Augen aufgeschlagen wird.

¡Soy tu amigo, no tu padre!
Ich bin dein Freund, nicht dein Vater!
Wenn du glaubst, dass ich alles für dich zahle, bist du schief gewickelt!

¡Pon una rola / rolota / rolototota!
Leg einen Hit / Riesenhit / Superriesenhit auf!
Leg mal eine geile Scheibe auf!

Punkt Mitternacht erscheinen dann die **mariachis** mit dem Stück „**La negra**" und rufen dabei schrille Schreie bei allen Partygästen hervor. Mariachi-Ensembles bestehen zumeist aus mehreren Streichinstrumenten – zwei **violines, guitarra, vihuela** (kleine Gitarre mit fünf Saiten) und **guitarrón** (Bassgitarre), sowie zwei **trompetas.** Sie tragen die Trachten der **charros** und singen typische Folklore, vor allem aus Zentralmexiko, die von Freud und Leid, von Liebe und Hass, von kühnen Männern und stolzen Frauen, aber auch von unverstandenen Machos handeln.

Es gibt noch andere folkloristische **conjuntos,** so etwa haben die **jarochos** statt Trompeten **un arpa veracruzano** (eine Harfe). Die spielen meist **sones,** eine andere Musikrichtung, die viel **picardía** enthält, die erotische oder anzügliche Variante des **doble sentido.**

Die Texte der **sones** erschließen sich einem nicht auf den ersten Blick. Hier ein Beispiel aus dem **son veracruzano „El jarabe loco".**

Este es el jarabe loco	Das ist der verrückte Jarabe,(2x)
que a los muertos resucita.	der die Toten wiedererweckt. (2x)
Este es el jarabe loco.	Das ist der verrückte Jarabe.
Salen de la sepultura,	Sie kommen aus ihren Gräbern
meneando la cabecita.	und wackeln dabei mit den Köpfchen.
Este es el jarabe loco	Das ist der verrückte Jarabe,
que a los muertos resucita.	der die Toten wiedererweckt.

Sind Sie auf einer Dorffete **(fiesta de pueblo),** bekommen Sie abends vielleicht noch Feuerwerk **(fuegos artificiales)** zu sehen, entweder als Festinstallation **(castillo de cohetes)** und / oder als mobile, von einer Person auf dem Nacken getragenen Konstruktion, mit der sie durch die Menge rennt **(torito).**

Natürlich kann man auch auf die Piste gehen **(pistear);** viele **antros** *(Kneipen)* locken mit **no cover** *(kein Mindestverzehr)* oder **barra libre** *(Mindestverzehr, weitere Getränke gratis).*

Bares haben in Mexiko ein leichtes Rotlicht-Image, und in **cantinas** soll es zeitweilig ziemlich rau zugehen, so meine Quellen. Da kann es auch schon mal eine **ventanita morada** *(lila Fensterchen,* also ein blaues Auge) geben. In **cantinas** gibt es mitunter Leute, die Schnapsleichen mit Stromschlägen „wiedererwecken" und somit rausschmeißen **(dar toques).**

In obigem son *geht es nicht um satanische Riten, sondern um freche* picardía *aus den Zeiten, wo man so absolut gar nichts beim Namen nennen durfte. Ein Tipp: Ersetzen Sie „Toter" durch das beste Stück des Mannes, und Sie sind auf dem richtigen Weg! Lassen Sie sich von Ihren* cuatachos *(Riesen-*cuates*) da am besten einmal „aufklären", z. B. über die Strophen von „La* bamba"; *es lohnt sich!*

105

🎂 A boca de borracho, oído de cantinero.
Zum Mundwerk eines Betrunkenen passt das Gehör eines Kneipenwirts.

Se la pasa chido uno allá.
Da kann man richtig Spaß haben.

¿A qué horas se pone el ambiente más padre?
Wann geht denn da die Post ab?

🎂 ¡Vámonos muriendo todos, que están enterando gratis!
„Lasst uns alle sterben, denn zur Zeit sind die Beerdigungen umsonst!"
Lasst uns diese Runde auflösen!

¡Puta filota enfrente del antro, se la pican, son bien cerrados y nos la hacen cardiaca pa' entrar!
So eine Scheiß-Riesenschlange vor der Bar; stellen sich tierisch an, wählen aus dem Publikum aus und lassen uns kaum rein!

¡A ver si se mochan con unas micheladas gratis!
Wär' toll, wenn ihr uns ein paar **micheladas** für lau rüberwachsen lassen könntet!

🎂 Dios mío, si borracho te ofendo, con la cruda me sales debiendo.
„Mein Gott, wenn ich dich betrunken beleidige, dann habe ich nach dem Kater etwas bei dir gut."
Boah, was für einen Kater ich habe!

Die **michelada** ist übrigens eine Art Bier-Bloody-Mary: Bier, Worcestersauce, Gewürze, eventuell Tomatensaft. Wer's mag …

carón	ganz schön teuer
fregón el lugar	geile Location
gran ambiente	schwer was los
precios accesibles	erschwingliche Preise

In einigen **antros** gibt es auch Musikgruppen, die life spielen **(tocada, toquín).** In Mexiko hat es seit den 1980ern immer wieder gute Gruppen gegeben, z. B. **El Tri** oder **Maldita Vecindad,** die Popmusik auf Spanisch machen: **rock en español** oder **rock en tu idioma.**

Wenn Musikgruppen „richtig aufdrehen", sagt man: se prenden (sie zünden).

Donde nos veamos – Medienimperium Mexiko

Donde nos veamos así nos saludamos – Wo auch immer wir uns sehen, so grüßen wir uns. Mexikos mannigfaltige Fernseh- und Radiosender und -stationen tragen ganz maßgeblich zur Umgangssprache bei. Dabei sind es vor allem Comedy-Klassiker von **Televisa** mit ihren Charakteren und deren **frases célebres,** die immer wieder im Gespräch auftauchen und mit denen man als Außenstehender auf den ersten Hieb nichts anfangen kann.

Als Beispiel seien ein paar typischen Phrasen aus dem Programm **Chespirito** vorgestellt, das es zwar seit 1995 nicht mehr gibt, aber sich ähnlich wie bei uns „Dinner for one" in den Köpfen der Menschen festgesetzt hat.

Hier einige „Klassiker" aus dieser Sendung:

¡Sale y vale! (*Es geht heraus und hat einen Wert.*)
Okay, abgemacht!
Fue sin querer queriendo.
Es war ohne Absicht.
Bueno, ¡pero no se enoje!
Nun gut, aber werden Sie nicht sauer!
¡Véalo por el lado amable!
Sehen Sie es von der netten Seite!
Tut mir ja Leid, regen Sie sich bitte nicht auf!
¡Chusma, chusma! Was für ein Pöbel!
¡Yo le voy al Necaxa!
Ich bin Necaxa-Fan! [Fußballmannschaft]
Is' mir eigentlich schnuppe!

Bei der Sendung Chespirito *geht es um eine typische* vecindad *(Nachbarschaft) mit all ihren Stereotypen: von der quietschigen Göre über den nörgelnden Opa bis hin zum pedantischen Lehrer; selbst ein tolpatschiger Superheld, der* Chapulín Colorado *(bunter Grashüpfer) taucht auf, wenn die ratlose Meute* Y ahora, ¿quién nos puede ayudar? *seufzt, und er seine* frase célebre *zum Besten gibt:* ¡No contaban con mi astucia! *(Ihr habt nicht mit meiner Schläue gerechnet!).*

107

Stellen Sie sich vor, ein Ausländer würde in Deutschland ständig mit Sätzen wie „Das war ... spitze!" oder „The same procedure as every year, James" konfrontiert. In Mexiko gibt es allerdings sehr viel mehr dieser Sprüche. Ein paar Originalbeispiele gibt es auf www.mexico.cnn.com/entretenimiento/2014/02/20/siganme-los-buenos-85-frases-para-celebrar-85-cinco-anos-de-chespirito..

¿Pa' qué le digo que no si sí?
(Warum sollte ich Ihnen ja sagen, wenn's nein ist?)
Warum sollte ich um den heißen Brei herum reden?

¿Por qué causa, motivo, razón o circunstancia?
(Aus welchem Grund, Motiv, Recht oder Umstand?)
Warum?

Como puede que sí, puede que no, lo más probable es es que quién sabe.
(Kann sein, kann auch nicht sein, am wahrscheinlichsten ist, dass wer weiß!)
Keine Ahnung!

Cantinflear

Bei den Teens und Twens schon etwas aus der Mode gekommen, aber sonst **vivito y coleando** (quicklebendig und mit dem Schwanz wackelnd), ist der **cantinfleo.** Diese Sprachkunst bezeichnet eloquente Beredsamkeit, ohne wirklich etwas aussagen zu wollen, ähnlich wie es der Comedian Piet Klocke zum Besten gibt, aber nicht so hektisch.

Der cantinfleo leitet sich von dem Schauspieler Mario Moreno alias Cantinflas ab.

Deutlich weniger elegant, aber dennoch in aller Munde ist der Spruch der **chimultrufia,** einer etwas einfach gestrickten Hausfrau:

„Yo como digo una cosa, digo otra; es como todo, es que hay cosas que ni qué y para qué, ¿tengo o no tengo razón?"	Ich, wenn ich das eine sage, sage ich das andere; es ist wie bei allem, es geht doch darum, dass es Dinge gibt, die einfach so sind, und für was auch, habe ich Recht oder nicht?

Berühmt ist „**La chiquitibúm**" geworden. Anlässlich der Fußball-WM 1986 in Mexiko **(México 86 – el mundo unido por un balón)** gab es ein Video mit dem Fangesang **(porra),** in dem folgender Refrain vorkommt (übrigens eine **porra,** die bis heute beliebt ist):

Beim ersten chiqui-ti-búm *zeigt das Video eine knapp bekleidete Fußball-amazone mit enormem Vorbau, der dazu noch rhythmisch geschüttelt wird, und so hat sich der Begriff* chiquitibúm *bis heute gehalten.*

> **chiqui-ti-búm a la bim-bom-ba,**
> **chiqui-ti-búm a la bim-bom-ba,**
> **a la bio, a la bao, a la bim-bom-ba,**
> **México, México, ra-ra-ra!**

Hört man einen etwas eigentümlichen Spruch, der bei den Einheimischen ein wissendes Grinsen hervorzaubert, kann man getrost untenstehende Frage anbringen.

Oye, ¿esto fue de algún programa de la tele o qué onda?
Hör mal, war das von irgendeinem Fernsehprogramm oder was für 'ne Welle?
Sag mal, kommt das aus irgendeiner TV-Serie oder so ähnlich?

Darüber hinaus leiten sich viele Spitznamen von diesen TV-Recken ab **(Ñoño, Kiko, Chilindrina);** das geht teilweise sogar so weit, dass junge Mädchen aus der Provinz, die bei den Besserverdienern Anstellung als Hausmädchen **(sirvienta, muchacha, gata*)** suchen, mit dem fast schon absurd-fiktiven Namen ihrer Lieblings-Telenovela-Heldin angesprochen werden wollen, davon einmal ganz abgesehen, dass ihre Kinder später auch solche Namen verpasst bekommen. **¡Qué horror!**

Mundos mágicos – Kräuter & Drogen

Persönlich habe ich immer einen Riesenbogen um Drogen gemacht, denn die **judiciales** sollen scharfe Hunde **(son muy perros)** sein, und bei einem Ausländer machen sich Drogen überhaupt nicht gut. Das wird sehr teuer und / oder sehr schmerzhaft, und man kann binnen 24 Stunden ausgewiesen werden. Daher hier ein wenig aktuelles Vokabular, das ich aus dem Netz zusammengetragen habe.

Marihuana	**aracata, chora, hierb(it)a** *([kleines] Kraut)*
	jerez seco *(trockener Sherry)*
	malva, Mary, mastuerzo *(Kresse)*
	moravia, morisqueta, mota *(Stückchen)*
	motivosa *(Motivierende)*
	motocicleta *(Motorrad)*
	motor de chorro *(Ergussmotor)*
	nalga de ángel *(Engelshintern)*
	orégano (chino) *([chinesischer] Oregano)*
	zacate inglés *(englisches Gras)*

Marihuana rauchen	**acostarse con Rosamaría** *(mit Rosamaría ins Bett gehen)*
	atizar coliflor tostada *(gerösteten Blumenkohl veraschen)*
	atizar mota *(Stückchen veraschen)*
	darse un gallo *(sich einen Hahn geben)*
	enyerbar *(„einkrauten")*
	grifear, tronárselas *(sich sie knallen)*

¡No vayas ahí, ahí crecen hierba!

Geh da besser nicht hin,
dort wird Gras angebaut!

andar chemo	auf Klebstoff sein
bacha	Tüte, Spliff
coco	kokainsüchtig
chemo	Kleber
estar moto	bekifft sein
frajo	Zichte, Kippe
grifo	Drogenvergiftung, *a.:* Junkie (allg. auf Droge)
gumersinda	rohes Heroin
lina	Kokainlinie
perico *(Papagei)*	Kokain
tacha	LSD-Pille

Como si fuera poco (als ob das schon genug wäre), brilliert Mexiko mit einer Heilkunst, die aufgrund ihrer schamanistischen Wurzeln auch die eine oder andere **hierbita** kennt ...:

cumana, chac mixib	
	Damiana-Kraut (*Turnera diffusa*), Allheilmittel und Aphrodisiakum
epazote	mex. Traubenkraut (*Chenopodium ambrosioides*), Gewürz und Mittel gegen unliebsame Untermieter in Magen und Darm (Würmer, Parasiten usw.)
ololiuhqui	(*Turbina coymbosa*), eine Ranke, die zur Tranceinduktion und für Frauenleiden verwendet wird; findet sich auch in dem Maya-Getränk **xtabentún.**

Da in Mexiko auch Marihuana angebaut wird, sollte man Tipps, bestimmte Gegenden auf dem Land zu meiden, durchaus ernst nehmen.

Im ganz großen Drogengeschäft der Kartelle geht es um Kokain. Die Auswirkungen des Drogenkrieges (mehr als 50.000 Tote und 10.000 Entführte) haben dazu geführt, dass die Diskussion über die Wiedereinführung der Todesstrafe zeitweise wieder auflebte.
Dieser Situation zum Trotz sind die narco-corridos *populär. Ein* corrido *ist eine Ballade, die die Helden und Schurken der mexikanischen Revolution (1910-34) besingt. Bei den* narcocorridos *geht es um Dealer, Transporteure und Bosse*

(narcos), die, ähnlich wie beim Gangsta-Rap, sich als coole Typen sehen, und denen es egal ist, was sie mit den Drogen anrichten (¡Qué importa que muera Joe, inflado como una rana! „Es ist doch egal, ob der Ami aufgedunsen wie ein Frosch draufgeht", heißt es in „El chingón de Durango" von „La Mafia del Norte"). Lied und Text stehen im Netz und geben einen guten Einblick in das „Feeling" dieses Genres, das eigentlich von den Radiosendern nicht gespielt werden darf.

peyote, jícuri (*Lophophora williamsii*), eine meskalinhaltige Kaktusart, die von den Rarámuri in Nordmexiko für ihre Wanderungen und kollektive schamanistische Erfahrungen verwendet wird.
sabal Sabalpalme (*Serrenoa serrulata*) ... wieder einmal ein Aphrodisiakum.
sarsaparilla, nanahuaxochitl Sarsaparille (*Smilax rigelii*), Delikatesse für Schlümpfe, gibt's wirklich! Heilmittel bei Hautleiden.
teonanacatl „Magic mushrooms" (*Psilocybe spp.* und *Stropharia cubensis*)
toloache, tornaloca Stechapfelarten (*Datura spp.*)

Auch hier gilt klar: Nichts alleine ausprobieren, vor allem nicht die bewusstseinsverändernden Stoffe, die mitunter lebensgefährlich sein können! Wer leichte Reisebeschwerden hat, der findet im D. F. auf dem **Mercado Sonora** einen regen Handel mit allerlei Kräutern; der Übergang von der Volksmedizin zur Magie ist allerdings fließend, und so sollten Sie sich auf jeden Fall beraten lassen! Nett ist der Brauch der **limpia,** der Reinigung, die einen von Flüchen befreien soll. **¡Ya déjate hacer una limpia!** (Jetzt lass dir endlich eine **limpia** machen!), sagt man so manchem Pechvogel. Dabei wird man von einem **brujo** oder **bruja** (Hexer / Hexe) mit rohen Eiern, Pirulzweigen (daher auch **barridita de pirul**), z. T. sogar mit lebenden Hühnern oder Kröten abgerieben.

Catemaco im Bundesstaat Veracruz gilt als Hochburg der brujos.

Entre apapachos y acostones – Liebe & Sex

Lo cortés no le quita lo caliente (höflich heißt nicht leidenschaftslos), so das Motto für **amor a la mexicana.** Zwischengeschlechtlich gibt man sich galant, höflich, fast zu sittsam. Hier ist erst einmal die hohe Schule der **cortesía** (Höflichkeit) gefragt, denn schließlich will man ja etwas voneinander. Was dann später, gerade im gleichgeschlechtlichen Freundeskreis, getratscht wird, ist dann etwas anderes (hier mit * gekennzeichnet).

Bevor wir uns nun diesem schönen Thema zuwenden, eine Warnung an alle Herren der Schöpfung: Benutzen Sie stets ein Kondom – **ángel custodio** oder **ángel de la guardia** (Schutzengel), **el sin mangas** (der ohne Ärmel), **manga** (Ärmel), **hule** (Gummi), **impermeable** (Regenmantel)! Von der AIDS-Gefahr (AIDS = **SIDA**) mal ganz abgesehen, kann es durchaus vorkommen, dass Sie als „reicher" Europäer einem Mädel aus bescheidenen Verhältnissen gerade recht kommen und Sie dann durch eine Schwangerschaft zur Heirat genötigt werden (mit vorgehaltener Pistole diskutiert man eben nicht). Diese Art Liaison nennt man **dar braguetazos** (Schläge mit dem Hosenlatz geben). Auch sollten Sie die Finger vom Dienstmädchen lassen, wenn Sie bei einer Familie wohnen; die zu verführen heißt **gatear** und hat mit **gata*** (Kätzin, hier für das Dienstmädchen angewendet) zu tun.

Für die meisten Paare, die räumlich voneinander getrennt leben, gilt:

👫 Amor de lejos, amor de pendejos.
Liebe aus der Distanz ist Liebe unter Idioten.

👫 Es mucha jaula para un pobre pajarito.*
(„Das ist ein großer Käfig für ein armes Vögelchen")
Wow, ist die dick!
(sagt er zu ihr)

113

Sie hat ...	
Brüste	**agarraderas*** *(Festhaltegriffe)*, **alimentos*** *(Lebensmittel)*, **colgados*** *(Hingehängte; für die älteren Modelle)*, **chichis** *(aztek. Ausdruck für Brüste)*, **manchas*** *(Flecken)*, **repisas*** *(Fenstersimse)*, **riendas*** *(Zügel)*
Scham	**bacalao*** *(Kabeljau)*, **bizcocho*** *(Biskuit, Keks)*, **cosita** *(Dingsbums)*, **cuca, chocho*** *(Konfekt)*, **fufurufo***, **mamey*** *(Mamey)*, **panocha*** *(abgeschnittener Kegel aus Rohzucker)*, **pucha** *(Haube)*, **rajada*** *(Aufgerissene)*, **remame*** *(„man nuckelt mehrmals an ihr")*, **sartén*** *(Pfanne)*, **tamal*** *(gedämpfter Maisteig)*
Schlampe	**coscolina***, **cusca***, **chucha cuerera***, **chancluda*** *(„die mit den alten Tretern")*

andar jineteando alazón	*Alazón* reitend gehen*	ihre Tage haben
apretada*	*Gedrückte*	arrogante, frigide Frau
amasia	*Konkubine*	Konkubine, Nebenfrau
bemba*	*Tellerlippe*	Frau mit dicken Lippen
chichona*	*die mit den Brüsten*	Busenwunder
chula	*schöne*	wunderschöne Frau
encueratriz	*Auszieherin*	Nacktänzerin
ganado*, yegua*	*Vieh, Stute*	Frauen *(aus Macho-Sicht)*
mancornadora	*„Hornaufsetzerin"*	Fremdgängerin
petacas*	*Kisten*	Hintern einer Frau
petacona*	*die mit den Kisten*	Frau mit dickem Hintern
pipirisnáis	*schick*	schick
popis	*Püppchen*	Mädchen aus gutem Haus
quedada	*Gebliebene*	Mauerblümchen
quinto	*fünfter*	Jungfrau

Entre apapachos y acostones – Liebe & Sex

Ya llegó Andrés (... el que llega cada mes).
Da kam schon Andrés (der jeden Monat kommt).
die Tage haben, menstruieren

* Alazón ist eine rotbraune Pflanze, die einen sauren Saft absondert.

Er hat ...

aparato, asunto (Umstand), **bastón** (Stock), **chaira** (Wetzstahl), **chupersón*** (Lolli), **miembrillo** (Mischung aus **miembro** „Glied" und **membrillo** „Quitte"), **morrongo*** (der mit der Blutwurst), **pájaro** (Vogel), **pito** (Pfeife), **plátano** (Banane), **pichilín, rienda** (Zügel), **la verde** (die Grüne), **verga** (Pferdepimmel)	**Penis**
aguacates (Avocados), **aguayón torneado, albóndigas*** (Fleischbällchen), **ayotes** (Kürbisse), **toqueras** („die man anfasst")	**Hoden**
coscolino*, cusco*, gañán, gandul, viejo rabo verde (alter grüner Schwanz)	**Notgeiler Kerl**

agachón	*Ducker*	Mann, der weiß, dass seine Frau ihn betrügt
credenciales	*Papiere*	Penis und Hoden
iguana	*Leguan*	Strandcasanova
mula*	*Maultier*	impotenter Mann
tener galleta	*Keks haben*	stark sein
trabado	*verschränkt*	breitschultrig
yogur	*Joghurt*	Sperma, Milch

El hombre como un oso, mientras más velludo, más hermoso.
Der Mann sei wie ein Bär, je haariger, desto schöner.

Viele Mexikaner sind regelrecht besessen von üppigem Haar- und Bartwuchs!

Der typische indígena-*Bart, wie ihn auch Cantinflas trug, wird scherzhaft* bigote de equipo de futbol *(Fußballmannschafts-Schnurrbart) bezeichnet. Warum? Elf Haare links, elf Haare rechts, in der Mitte die Schiedsrichter ...*

Der Einfluss indianischen Blutes allerdings macht vielen Mexikanern einen Strich durch die Rechnung: Sie sind unbehaart **(lampiño),** haben spärlichen Bartwuchs **(bigote de aguacero** „Regenguss-Schnurrbart") und werden früh kahl **(calvo, pelón).** Da rücken dann auch Vollbart **(barba)** oder Goatee **(barba de candado** „Vorhängeschloss-Bart") in weite Ferne.

Unter Freunden wird ab und zu von der **casa grande** und der **casa chica** geredet, dem „großen" und dem „kleinen" Haus. Viele Mexikaner haben neben der Ehefrau eine Freundin **(amasia)** mit oder ohne Kinder. Sofern man von Toleranz gegenüber diesem Konkubinentum **(amasiato)** sprechen kann, wird erwartet, dass der Mann für beide Familien sorgt, sowohl für die der Ehefrau **(casa grande)** wie auch für die Konkubine **(casa chica).**

Beiden Geschlechtern gemein sind:

anís,	*Anis*	Anus,
el de atrás*,	*der von hinten*	Arsch,
pompas,		Hintern
pompis		
teleras	*Brötchen(Mz)*	knackiger Po
cuero,	*Leder*	gutaussehende
mango	*Mango*	Person

Yo soy soltero, la casada es mi mujer. – Ich bin Junggeselle, aber meine Frau, die ist verheiratet.

Schwul-Lesbisches

DER Macho-Spruch schlechthin.

Der **machismo** bringt es mit sich, dass Lesben nicht für voll genommen werden – **sólo les falta conocer a un verdadero macho** (die müssen nur mal 'nen richtigen Kerl kennen lernen) –

und Schwule, zu denen übrigens landläufig nur diejenigen zählen, die sich penetrieren lassen, in der Werteskala zwischen **cucarachas** (Schaben) und **perros callejeros** (Straßenköter) liegen.

Allerdings ändern sich auch in dieser Hinsicht langsam die Dinge, zumindest in den Großstädten.

Lesben werden allgemein als **chanclera*** (die mit den abgelaufenen Tretern) bezeichnet, nicht aber als **tortillera** wie in anderen Spanisch sprechenden Ländern – der Begriff ist für die Tortillafrau reserviert! Der aktive Teil wird als **chava rol*** (Rollen-Mädchen), **marimacha***, **machorra*** und **marota*** bezeichnet, der passive Teil als **bizcocho*** (Keks).

Vorsicht also mit dem Wort bizcocho! Je nach Situation bedeutet es u. a. „geile Braut", „Mumu" oder „Schwuchtel"!

Schimpfwörter für Schwule

de mangas largas*	*mit langen Ärmeln*
del otro lado*	*von der anderen Seite*
floripondio*	*Engelstrompete*
joto*, marica*, maricón*, mariquita	*Marienkäfer*
mayate	*Käfer*
orquídeo*	*männl. Orchidee*
puñal	*Dolch*
puto*	*Schwuchtel*
quebracho*	*Hartholzbaum*
volteado*	*Umgedrehter*

„Tuntiges" Verhalten wird mit hacerle agua a la canoa (dem Kanu Wasser machen) beschrieben.

Ein bärtiger, behaarter Schwuler wird wie in Deutschland als **oso** *(Bär)* bezeichnet. Unter sich reden sich die eher tuntigen Schwulen auch mit **loca** *(Verrückte)* bzw. **loquita, obvia** *(Offensichtliche)*, **princesa** oder **reina** an.

Anmache

Ganz egal, wen Sie nun anbaggern wollen, hier ein paar Vokabeln:

amarrar	*anbinden*	anbaggern
apapachar	*knuddeln*	knuddeln
canchachán		Freund
clavarse	*sich nageln / eintauchen*	verknallt sein
chípil		Knuddelbedürftiger
darse una manita de gato	*sich ein Katzenpfötchen geben*	sich schick machen
echarse un taco de ojo	*sich einen Augen-Taco gönnen*	mit den Augen flirten
empelotarse, encularse	*„sich einballen", „sich einarschen"*	verknallt sein
enseñar hasta el apellido	*sogar den Nachnamen zeigen*	ein freizügiges Dekolleté zeigen
galán		Verehrer
garibolear		sich aufdonnern
hacer de chivo los tamales	*die Tamales aus Bock machen*	fremdgehen
ligar	*binden*	anbaggern
llegarle a alguien	*auf jemand zukommen*	jem. ins Bett kriegen
ponerse chinito	*löckchenartig werden*	eine wohlige Gänsehaut bekommen
tronar con alguien	*mit jemandem knallen*	mit jemandem Schluss machen

Verbreitet und weit weniger schamlos als in Deutschland ist es, gutaussehenden Menschen etwas hinterherzurufen **(piropear, chulear)**. Zwar sind es meist die **nacos** und ande-

Entre apapachos y acostones – Liebe & Sex

re Proleten, die **¡Sabrosas!, ¡Apachurro!***
(Druck) oder **¡Mango de Manila!** (besonders
saftige, leckere Mangosorte) rufen, aber mancher Kerl hat schon abends ein **¡Papacito!** (Vä-
terchen) oder **¡Papazote!** (Riesenvater) aus einem Pulk leicht angesäuselter Damen gehört.

📷 *Antes de que se lo
comen los gusanos, que
lo gocen los humanos.
(„Bevor die Würmer
ihn [den Körper]
fressen, sollen die Men-
schen ihn genießen")
Hab dich nicht so!*

Kosenamen für den Partner

cariño	*Zuneigung*
tesoro	*Schatz*
amor	*Liebe*
rey / reina	*König / Königin*
chaparra	*Kleine*
chato/-a	*stupsnasig*
moreno/-a	*dunkelhäutig*
negro/-a	*schwarz*
mis ojos	*meine Augen*

*Die Kosenamen
können auch als
Verkleinerungsformen
mit -ito und -ita
auftreten.*

Quise ir a chupar con ustedes, pero ya saben, allá mis ojos ...
Ich wollte ja mit euch einen saufen gehen,
aber ihr wisst ja, wie das ist, mit meiner besseren Hälfte.

Mis ojos ist eigentlich nett gemeint, wird jedoch vor allem unter Freunden mit einer
leicht sarkastischen Note verwendet – etwas
unflätiger wäre **brujer,** eine Mischung aus **bruja** *(Hexe)* und **mujer** *(Frau).*

*Außerdem gibt es
noch Abkürzungen,
wie t.q.m. =
te quiero mucho
(ich liebe dich sehr) –
oder t.q.u.ch. =
te quiero un chingo
(ich hab' dich gaaanz
doll lieb).*

Körperliches

Für Sex gibt es natürlich eine Vielzahl von
netten Umschreibungen:

ir a ...	... gehen
... un entierro*	zu einer Beerdigung
... desgastar el petate*	die Matte abreiben
... desvencigar la cama*	das Bett kaputtmachen
... hacer de las aguas*	Wasser machen gehen
... la junta de conciliación	zur außergerichtlichen Einigung
... la lucha libre a calzón*	zum Unterhosen-Wrestling
... percudir el colchón*	die Matratze abnutzen
... rechinar la cama*	das Bett zum Quietschen bringen

🦜 A ese culantro le falta su regadita.* („Dieser Koriander muss gegossen werden.") Vögele mich!

Ferner gibt es **coger*** (greifen), **echar pata** (ein Bein werfen), **envoquillar*, tumbar una mujer*** (eine Frau umwerfen), **parchear*** (ein Loch abdichten), **patear*** (jemanden treten), **pisar*** (auf etwas treten), **ponchar*** (durchstechen), **punchis-punchis, tronchar*** (zerbrechen).

Natürlich geht es nicht nur um das „Eine":

acostón	Hinleger	Quickie
adelantar vísperas	Polterabend vorverlegen	Sex vor der Ehe haben
avergallón*	das Lass-mal-den-großen-Hahn-sehen	Selbstbefriedigung beim Mann
(bajarse a) mamar*, bajarse por los chescos	zum Nuckeln runtergehen, zu den Softdrinks runtergehen	Oralsex praktizieren
bastardiar	bastardisieren	außerehelicher Sex
cachondear	aufreizen	aufgeilen, Petting machen
cachondo	aufgereizt	geil
cargar mochila	Tornister tragen	schwanger sein
comerse la torta antes del recreo	das Sandwich vor der Pause essen	Sex vor der Ehe haben

Entre apapachos y acostones – Liebe & Sex

chanclear*	*etwas mit den alten Tretern tun*	lesbischen Sex haben
chaquetero	*der mit der Jacke*	Wichser
dar las nalgas	*die Pobacken geben*	sich hingeben
fajar	*gürten*	fummeln
hacerse una chaqueta,	*sich eine Jacke machen,*	sich selbst
hacerse una Manuela, manuelear*	*sich eine Manuela machen*	befriedigen
mermelada de miembrillo	*„Quittenglied"-marmelade*	Sperma
ser riquísimo	*am reichsten sein*	geiler Sexpartner sein
romper el tambor	*die Trommel kaputtmachen*	entjungfern
tamalear*		die Scham kraulen
tener brazo de santo,	*einen Heiligen-Arm haben*	einen Steifen haben
tenerla parada/-ita*	*sie stehend haben*	
tortear		am Hintern fummeln
venirse	*sich kommen*	Orgasmus haben

Prostitution

Huren werden als **pirujas***, **huila*** *(Täubchen)*, oder **ruletera*** bezeichnet (Achtung: **ruletero** ist der normale Ausdruck für einen Taxifahrer!), ihr Zuhälter als **chulo*** *(Schöner)*, **padrote*** *(Riesenvater)* oder **caifán***. In diesen Kreisen bezeichnet **aduana** *(Zoll)* den Puff, und **abadesa*** *(Äbtissin)*, **madama***, **madre superiora*** *(Mutter Oberin)*, **madrina*** *(Patin)*, **madrota*** *(Riesenmutter)*, **mariscala*** *(Marschallin)* die Puffmutter.

Besos vendidos, ni dados ni recibidos. *Verkaufte Küsse sind nie gegeben noch empfangen worden. –*

Prostitution ist in Mexiko geduldet und wird meist totgeschwiegen.

121

Buenas las tengas – Albures

Es ist eigentlich unmöglich, ein Gespräch zu führen, in dem sich nicht mindestens einmal die Chance zum albureo bieten würde. Ich glaube auch, dass das Grinsen, das sich mitunter im Gesicht eines Mexikaners zeigt, wenn er sich mit einem Ausländer unterhält, daher kommt, dass dieser ihm unendlich viele Vorlagen für albures liefert, die er aber aus Höflichkeit nicht annimmt.

Immer wieder ist in diesem Buch vom **doble sentido** die Rede gewesen. Die Königsdisziplin in dieser Klasse ist jedoch der **albureo,** das Wortspiel zwischen Männern. Warum zwischen Männern? Weil es darum geht, sich gegenseitig „zur Frau zu machen". Und damit besteigt der eine symbolisch den anderen und macht ihn zum „Gefäß" seiner Körpersäfte. Allerdings muss man durchaus einräumen, dass es auch eine weibliche Variante des **albureo** gibt, die vielleicht nur nicht ganz so öffentlich bekannt ist.

Ich sage ganz klar, dass es für Außenstehende äußerst schwierig ist, einen **albureo** durchzuführen **(alburear),** denn in der Regel fehlt einfach die „Szenekenntnis", um zu wissen, was zweideutig ist und was nicht. Wenn ein Touri doch einmal einen **albur** platziert, ist es meist zufällig und führt zu einer gewissen Unsicherheit auf Seiten der Mexikaner (*Der kann das doch gar nicht wissen; meint der das jetzt ernst oder wie?*). Geht die Sache nach hinten los, spricht man von **autoalburearse** oder **albur francés.**

Dabei ist die Anatomie eines **albur** denkbar einfach: Abstraktion + schmutzige Fantasie = **albur.** Alles, was auch nur im Entferntesten an Genitalien oder sexuelle Handlungen erinnert, wird zum Synonym derselben. Ein paar Beispiele:

männlich
plátano, pepino, rifle, reata, lápiz, cabeza, pito
weiblich
araña, medallón, muñeco, mono, raya
Rosette
solecito, mil arrugas, anís, chico, ojo rojo
sich selbst befriedigen
Manuela, la palmera, la palma cinco

Achtung auch mit dem Verb **coger,** das zwar in Spanien ganz unschuldig „nehmen" bedeutet, in Mexiko aber zu 99% als „vögeln" verstanden wird.

Auch **agarrar** (anfassen) und **meter** (hineinstecken) sind höchst verfänglich!

Mit etwas schmutziger Fantasie bekommen dann eigentlich banale Sätze, wie **Mi novia me regaló una medallita, Escribo con el lápiz, Voy a comerme un plátano** oder **Me duele la cabeza** eine ganz andere Bedeutung, die zum **albureo** einlädt.

Ein weiteres Beispiel: **Buenas las tengas** kommt eigentlich von **¡Que tengas buenas tardes!,** also „Dir einen schönen Nachmittag". **Buenas** können aber auch die **chichis** (Brüste) oder **nalgas** (Pobacken) einer Frau

buscarles las chichis a las culebras
(„*bei Schlangen nach Brüsten suchen*")
auf dem Holzweg sein

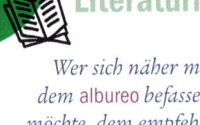

Wer sich näher mit dem albureo *befassen möchte, dem empfehle ich die Internet-Seite*
www.albures.net

sein. Sagt ein Mann zum anderen **¡Buenas las tengas!** als **albur,** so hofft er symbolisch, dass das Gegenüber „gut ausgestattet" ist, damit sich der Sex mit ihm auch lohnt. Das kann natürlich das Gegenüber nicht auf sich sitzen lassen, und so beginnt ein freundlich-witziges Wortgefecht, bei dem der verliert **(se chingó),** dem keine doppeldeutigen Vergleiche mehr einfallen.

Literaturhinweise

Hier einige weiterführende Hinweise für diejenigen, die mehr über das mexikanische Spanisch und den Slang erfahren möchten.

Slang

● Slang-Wörterbücher gibt es in Mexiko zuhauf, z. B. **A. Jiménez: Tumbaburro de la picardía mexicana – diccionario de términos vulgares,** Ed. Diana, México, D. F., 1982.

Der Cartoonist Trino stellt auf www.trino.com.mx *einen Teil seiner Werke aus.*

● Wer dann eh schon der Buchhandlung ist, dem seien die Bücher der mexikanischen Comiczeichner, allen voran **Eduardo del Río** alias **Rius,** für ein „eingehenderes Studium" des mexikanischen Slang empfohlen (z. B. **500 años fregados pero cristianos,** Ed. Grijalbo, México, D. F., 1992).

Im Internet wiederum gibt es viele schöne und ausführliche Seiten über Slang:

Internet

www.elportaldemexico.com/diccionario/expresionesmexicanas.htm
oder www.academia.org.mx/index2.php

Spaß der besonderen Art verspricht **Radio Huevo** (www.huevocartoon.com), ein Internet-Radio mit downloadbaren Episoden. Slang pur! Besonders die Serie **huevos al albañil** *(Eier nach Maurerart)* hat es mir angetan; drei **maistrooos** *(Handwerksmeister)* kommentieren Lieder, voller **picardía** und **albureo.**

Trotz der piepsigen Stimmen (es soll ja eigentlich Eier darstellen!) unbedingt downloaden, es lohnt sich!
¡Que la gocen!

Weiterführendes

Wer sich weiter mit der „mexikanischen Seele" befassen möchte, dem seien **Das Labyrinth der Einsamkeit** von **Octavio Paz** (Suhrkamp 1998) sowie **Kulturschock Mexiko** von **Klaus Boll** (Reise Know-How Verlag 2004) empfohlen. Einen tiefen Einblick in die hier leider viel zu kurz gekommenen Sprichwörter bietet die Arbeit **Mexikanische Sprichwörter** von **Katja Rameil** (Universität Leipzig 2001).

Die mexikanische Musikszene ist sehr vielfältig, von **mariachi, sones** und **rancheras** über **narcocorridos** (zur Verherrlichung des Drogenhandels; Mexikos Antwort auf Gangsta-Rap) und Schmachtschlagern **(música romántica)** bis hin zu **rap** und **rock en español.** Eine inter-essante und sehr hörenswerte Synthese aus Tradition und Moderne präsentiert **Lila Downs,** z. B. auf ihrer CD **Una sangre.**

Zum Thema Sprichwörter und albures *sind in spanischer Sprache auch empfehlenswert:*

J. Mejía Prieto: Albures y refranes de México, *Panorama Editorial, México, D.F., 2009* ;

J. Pérez: Dichos, dicharachos y refranes mexicanos, *Editores Mexicanos Unidos, México, D.F., 2007*

Hier also die gesammelte jauría de atrocidades *(Meute der Grausamkeiten)* …
In der Regel werden bei zusammengesetzten Floskeln die Hauptwörter (in der Einzahl) genannt. Sie finden also parir chayotes *unter* chayote. *Der Einfachheit halber sind die Einträge nach dem deutschen Alphabet geordnet.* ch, ll *und* ñ *findet man also unter* c, l *und* n.

 **Register**

N

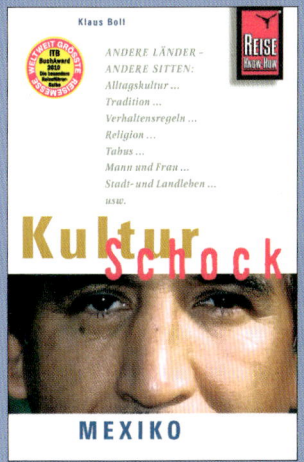

Weitere Titel für die Region von REISE KNOW-HOW

Kauderwelsch Spanisch für Mexiko

978-3-89416-279-5
Band 88 | 160 Seiten

€ 7,90 [D]

Kauderwelsch Aztekisch (Nahuatl)

978-3-89416-355-6
Band 179 | 160 Seiten

€ 7,90 [D]

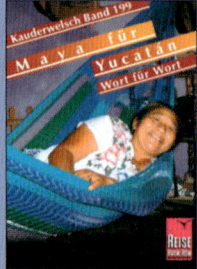

Kauderwelsch Maya für Yucatán

978-3-89416-367-9
Band 199 | 160 Seiten

€ 7,90 [D]

Der Autor

Dedico este librito (¿o será librajo?) a mis cuates, compadres, amigos y compañeros de mi generación en la Facultad de Estudios Superiores Cuautitlán, Campo IV. Aunque no lo parezca, es todo un tributo cariñoso a ese México que tanto quiero, a la gente que tanto me enseñó y los tiempos eniales que tuvimos. ¡Muchas gracias! ¡Útero, vagina, glándula mamaria – que viva veterinaria! – ¡Testículo, epidídimo, conducto deferente – veterinaria presente!

Dr. Nils Th. Grabowski, Jahrgang '69, fast 11 Jahre Mexiko (Schule und Studium), nun Fachtierarzt für Milchhygiene. Autor des Kauderwelschbandes „Aztekisch (Nahuatl)", Co-Autor von „Maya für Yucatán".

Meine Kommilitonen berichten, dass ich anfangs ein sehr kultiviertes Spanisch drauf hatte und kein böses Wort über meine Lippen kam. Das änderte sich allerdings, als mich im Imkereikurs eine Biene stach und ich das mit einem wirklich von Herzen kommenden **¡chinga tu madre!** kommentierte. Danach war der Bann gebrochen, und ich erkannte, dass der mexikanische Slang nicht nur nicht immer so wortwörtlich zu nehmen ist, sondern auch ein Ausdruck der urmexikanischen Seele ist, und die ist wirklich vielfarbig und vielschichtig. Seitdem fühle ich mich in dieser Umgangssprache sehr wohl, die so herrlich jede Gefühlsregung ausdrücken kann.

Ich bedanke mich besonders bei Maricruz aus Veracruz **(vaya osos que cometimos, ¿verdad?),** bei Mario aus Berlin, Fito aus Cuautitlán und, last but not least, bei meiner Lektorin Claudia Schmidt für die tolle Zusammenarbeit.

¡Viva México, hijos de la chingada!